납작한 생각 버리기

입체적 마케팅을 위한 7가지 관점

납작한 생각 버리기

입체적 마케팅을 위한 7가지 관점

설명남 지음

이은북

마케팅이라는 결코 쉽지 않은 주제를 일곱 가지 측면에서 저자의 경험과 사례, 그리고 간간이 특유의 유머 코드가 묻어나는 문장으로 막힘없이 흥미롭게 풀어냈다. 저자의 말대로 최근 마케팅은 데이터 분석에 기반한 전략 수립이 대세다. 그러나 이런 데이터 분석과 기술의 활용에서 가장 중요한 지향점은 분명히 사람이고, 사람이어야 한다. 기술이 사람과 기업, 사회에 미치는 영향을 연구해온 나로서는 마케팅에서도 사람을 놓쳐선 안 된다고 일관되게 주장하는 저자의 의견에 전적으로 공감한다.

저자는 풍부한 실무 경험에서 우러난 여러 사례를 상세하게 공유하면서도 균형감을 잃지 않고 이론의 중요성을 강조한다. 자신의 경험과 직관을 선호하는 현업 전문가에게서 좀처럼 찾기 힘든 미덕이다. 이론과 실무의 균형감을 바탕으로 소비자, 나아가 인간과 시대에 대한 통찰력을 갖추고 싶은 마케터라면 반드시 읽어야 할 책이라고 생각한다. 또 학교에서는 이 책에 있는 실제 사례와 저자의 통찰력을 이론과 함께 활용해 볼 만하다.

박기우 / 성균관대학교 글로벌 경영학과 교수

"스페셜리스트가 되겠는가, 제너럴리스트가 되겠는가?" 이런 질문을 받은 마케터는 다음과 같이 답하라고, 이 책은 말한다. 어떤 경우에도 '솔루션이 지향하는 목표'와 '방향 감각'을 잃지 않는 입체적인 제너럴리스트가 된 후에야, 그 질문이 의미가 있다고.

윤성아 / SM Culture & Contents 부문장

책을 정독하고 보니 추천사는 마땅히 제가 써야겠다는 생각이 들었습니다. 저자는 30여 년간 마케터로 일하며 온갖 변화를 겪었는데, 그럼에도 마케팅의 핵심은 '생각하는 힘'이라고 힘주어 이야기합니다.

저 또한 '생각의 힘'이야말로 이 시대의 핵심 자산임을 일찍부터 설파해 왔습니다. 시대의 변화를 따라잡고 기술에도 관심을 가져야겠지만 '혁신이 향하는 곳은 결국 사람'이라는 것에 동의한다면, 설명남의 이 책에서 공감하고 배울 게 많을 것입니다.

유능한 마케터이자 저의 오랜 후배, 설명남의 이 책을 모든 마케터들께 권합니다.

최인아 / 최인아책방 대표, 전 제일기획 부사장

지난 30년간 마케팅/광고 프로젝트들을 진행하며 느낀 것은 당면한 과제를 바라보는 자신만의 '관점'이 매우 중요하다는 것이다. 인공지능이 데이터를 토대로 과거의 패턴을 식별하여 다량의 표준화된 결과물을 창출해 내는 이 시대에 '휴먼' 지능을 탑재한 우리 마케터들은 패턴을 깨는, 패턴 분석만으로는 찾아낼 수 없는 숨겨진 인사이트를 찾는 '관점'을 갖추었을 때 그 진가를 발휘할 수 있을 것이다.

어떤 마케터가 되어야 할지 고민하는 많은 분들에게 이 책을 추천한다.

김종현 / 제일기획 대표이사

요즘 각종 온라인 교육 플랫폼에 노출되고 있는 '마케팅 교육 프로그램'을 보면 퍼포먼스, 그로스, CRM 마케팅 등 디지털과 수치 위주의 이야기로 그득합니다. 경력 마케터 모집 공고를 봐도 당장의 효율, 매출 전환 이야기 일색입니다. 그래서인지, 우리 휴대폰에는 한 시간이 멀다 하고 다양한 브랜드의 프로모션 및 할인 메시지가 계속 날아옵니다. 브랜드에서 물건을 판매한 후 지나치게 많은 메시지를 보내면 오히려 있던 호감마저 식으면서 관계를 끊고 싶습니다.

광고 대행사에서 실제 스타트업 회사로 옮겨 직접 내부 마케팅을 진행해보니 훨씬 더 피부로 와닿았습니다. 투자사에 당장의 실적을 보여줘야 하는 경영진의 목마름이 장기적 비전보다는 단기적 실적을 올리는 방향으로 경도될 수밖에 없는 것이죠. 그러다 보니 경쟁사나 우리의 활동이 사실 큰 차이도 없이, 서로 제 살 깎아먹는 단가 경쟁만 하게 되는 것 아닌가 하는 답답함이 느껴졌습니다.

하지만 브랜드 간 차이를 고객의 인식 속에 남기지 못하면 마케팅은 결국 아무 의미도 없다는 말을 꼭 해주고 싶었습니다.

오지랖 넓게, 이런 마케팅만 마케팅인 줄 알고 있을 것 같은 업계 후배들도 걱정되었습니다. 과거에는 마케팅 영역이 그리 넓지 않아 한 사람이 이것저것 다 할 수 있는 이른바 '올라운더' 마케터를 지향하는 게 비교적 쉬웠습니다. 그러나 요즘엔 마케팅이 참 많이도 분화되어, 초보 마케터의 경우에는 한 가지 분야만 아는 '우물 안 개구리'가 되기 십상이겠다는 염려도 합니다.

마케팅이 워낙 트렌드에 민감하다 보니, 시대의 흐름에 따라 '대세'라고 부를 만한 유행이 있는 것 같습니다. 때로는 브랜딩, 때로는 체험 마케팅, 때로는 디지털 마케팅, 때로는 데이터 마케팅이기도 했죠. 하지만 유행의 어느 한두 영역에만 능해서는 제대로 된 마케팅이나 마케터라고 할 수 없습니다. 회사나 브랜드 역시 마찬가지죠. 시대와 트렌드만 좇다 보면, 열심히 일하고 돈만 썼지 남는 건 별로 없는 허무한 상황이 벌어지기 일쑤입니다.

저는 1993년 소비자 리서처로 이 바닥에 입문한 후 지금까지 30년간 대행사 및 인하우스 마케터로 현장에서 일하는 동안, 다양한 기술과 이론, 트렌드, 세대론 등이 소비자 및 마케팅 판도를 바꾸는 모습을 지켜봤습니다. 요즘 대세를 이루고 있는 퍼포먼스 마케팅, 그로스 마케팅, CRM 마케팅은 사실 최근 10년 사이 빅데이터, 즉 소비자 행동 데이터가 들어오면서 주목받기 시작한 영역입니다. 거기에 행동경제학이라는, 미시적 소비자 행동 변화를 연구하는 분야가 접목되면서 마케팅 영역에서 하나의 커다란 분과를 만들어낸 것이죠. 10년 차 미만의 마케터가 보면, 세상이 온통 행동 데이터와 수치밖에 없는 것 같지만, 사실 마케팅은 크게 보면 훨씬 더 다양한 역량을 요구하는 종합예술 분야입니다.

어쩌면 수치와 데이터, 단기 매출 상승만 바라보는 마케터는 영혼 없는 '법 기술자'처럼 영혼 없는 '마케팅 기술자'에 그칠 수도 있습니다. 마케터라면 브랜드와 이를 둘러싼 사회문화적 맥락에 대한 기본 소양을 갖추고 있어야 합니다. 하지만 유행에 민감한 마케팅 바닥의 속성상 시대의 흐름이 향하면 모든 사람이 그것만 보게 되는 경향이 있죠. 마케팅에 대해 근본적인 이야기를 하면 구식으로 오해받기도 하고요. 하지만 퍼포먼스 마케팅이 올해의 매출과 실적을 올려줄 수는 있어도, 근본적인 브랜드 체력을 키워주지 못한다는 것은 분명합니다. 브랜드의 큰 전략을 품고, 실용적인 마케팅을 기술적으로 펼쳐나가야 합니다.

중요한 것은 속도가 아니라 방향입니다. 방향이 잘못되면 열심히 달려온 만큼 손해입니다. 누구도 일목요연하게 가르쳐주기 힘들고, 정답도 없는 이 거대한 마케팅이라는 영역에서 그래도 30년 가까이 맨땅에 헤딩하는 정신으로 버텨온 저의 경험이, 큰 판을 보는 시각에 작은 도움이라도 되었으면 좋겠다는 소박한 마음으로 글을 쓰기 시작했습니다.

현장에서 일하는 동안, 마케팅에서 가장 나쁜 것은 '납작한 생각'이 아닐까 생각했습니다. '납작한 생각' 하면 무엇이 떠오릅니까? 네, 맞습니다. 고민의 깊이가 얕고, 입체적이지 않으면서 단순한 생각입니다.

회사의 의사 결정자나 클라이언트가 기대하는 결과물은, 많은 경우 구체적이지 않을 뿐 분명히 존재합니다. 내가 가져가는 결과물에 대한 만족을 이끌어내려면 두 가지 방법밖에 없습니다. 요컨대 예측 못 한 관점을 제시하고 설득해서 다른 방향으로 확 끌어주든지, 아니면 상대방이 생각하는 막연한 방향에 대해 입체적인 검증을 통한 확신을 주든지 해야 합니다. 그런데 상대방의 마음도 읽지 못한 채 예측 가능한 논리, 얄팍하고 한정적인 사례와 경험에 근거해 뻔한 결과물을 내민다면 얼마나 실망스럽겠습니까.

'납작한 생각'을 하지 않으려면, 마케팅적 사고 면적을 최대한으로 넓혀주는 다양한 차원(Dimension, 축)을 찾고, 그 차원별로 생각의 한계를 넓힘으로써 '입체적 생각'의 판을 키우는 방법밖에 없습니다. 그 과정에서 상대방의 기대를 헤아리는 통찰력까지 장착하는 것은 당연한 수순입니다.

그렇다면 무엇으로 마케팅의 판을 키울 수 있을까요? 경험 많은 마케터라면 아마 저마다 생각하는 포인트가 있을 테고, 저 역시 제 경험에 근거한 지점들이 있습니다. 물론 개인적 경험의 한계로 인해 제 생각이 정답이라는 말은 못 합니다. 하지만 다행히도 종합 광고 마케팅 대행사에서 대부분의 커리어를 보내면서 매우 훌륭한 국내외 클라이언트들을 만나고, 그때그때 트렌드의 최일선에서 다양한 마케팅 업무를 30년이란 꽤 긴 시간 동안 해왔으므로 자신감을 가져보려 합니다.

그 시간을 곰곰이 생각해보면, 마케팅 차원을 이전과는 다른 레벨로 한 단계 올려준 다양한 요소를 꼽을 수 있는데, 이를 행운의 숫자 '7'로 정리해봤습니다. 가장 먼저 ICT 기술을 꼽을 수 있고, 다음으로는 21세기 들어 속속 등장한 위대한 혁신가들의 시대정신도 업계 전반에 영향을 끼쳤습니다. 매력이 돈이 되는 시대가 열리면서 브랜드 매력의 극대화 장치로 페르소나라는 개념이 마케팅 영역에서도 중요해진 것 같고요. 마케팅에서 가장 중요한 소비 심리와 연관성이 높은 거시적 경제지표 역시 중요한 고려 포인트일 수 있습니다. 인간과 시간의 교집합인 세대에 대한 깊이 있는 이해 역시 마케팅의 수준을 높여줍니다. 마케팅 관련 다양한 분야(경영/경제/심리/사회 등)에서 쏟아져 나오는 질 높은 이론 서적 역시 우리의 시각을 넓혀주고요. 마지막으로, 실제 소비자를 현장에서 직접 만나는 체험 콘텐츠 역시 최근 들어 매우 중요해지고 있는데, 이에 대해서는 마지막 파트에서 이야기해보려합니다.

글로벌 마케팅 일을 할 때 많이 쓰던 용어 중에 'POV(Point of View)'라는 말이 있었습니다. 어느 정도 연차가 쌓이면 내가 준비한 기획안을 제시하는 게 아니라 그냥 빈손으로 가서, 클라이언트 혹은 같이 일하는 현지 대행사가 준비한 기획안을 보며 의견을 내고 토의하는 경우가 가끔 생깁니다. 그럴 때 내가 말하는 견해를 '관점'이라고 표현하더군요. 단순히 그 내용에 대한 비평이나 지엽적 의견이 아니라, 관점이라는 용어를 쓰는 게 꽤나 괜찮은 것 같았습니다. 말하는 사람 입장에서는 남이 한 일에 대한 자잘한 비평이나 '지적질' 대신 여러 가지 상황을 종합한 자신만의 관점을 제시해야 하므로, 그간 자신이 업계에서 쌓아온 내공이 드러나는 중요한 무대인지라 신경을 쓸 수밖에 없죠. 듣는 사람 입장에서도, 제대로 일하는 사람이라면 그냥 공허한 찬성이나 반대가 아니라 자기 일을 더 정교하고 수준 높게 만들기 위한 영양가 있는 피드백을 듣고 논의할 수 있는 자리인지라, 다양하고 좋은 관점에 대해 듣기를 오히려 기대하는 것 같았습니다. 회의가 잘 이루어지면, 누군가가 열심히 해 온 결과물에 서로의 관점을 더해 그 내용을 풍성하게 만들어가는 아주 생산적인 자리가 될 수 있는 것이지요. 연차가 올라갈수록, 경력이 쌓일수록 이러한 관점이 중요한 것 같습니다.

그런데 이 관점은 거저 만들어지지 않습니다. 본인이 생각하는 다양한 축을 머릿속에 두고 필요할 때마다 꺼내 쓸 수 있는 셀프 트레이닝이 절대적으로 필요합니다. 이 책이 정답은 아닐 것입니다. 하지만 '지금 내가 생각하는 축에는 어떤 것이 있는지, 나는 어떤 관점을 가지고 있는지' 질문하고, 스스로를 돌아보는 하나의 계기와 레퍼런스는 되어주지 않을까 하는 기대를 품어봅니다.

차례

01. 인사이트 & 디지털 기술

02. 혁신 정신

03. 브랜드 & 페르소나

04. 사회경제적 거시 지표

07. 오래된 미래, 체험

인사이트 &
디지털 기술

01

Technology

기술은 마케터의 영역을 늘려준다. 새로운 기술이 나오면 소비자를 둘러싼 환경이 바뀌고, 기존에 없던 새로운 세상이 열린다. 이를 활용하는 자는 더 큰 영토를 차지할 것이요, 무시하는 자는 뒤처질 것이다. 특히, 마케팅의 기본기를 잘 갖춘 마케터라면 단순히 살아남을 뿐만 아니라, 오히려 더 큰 무기를 장착하고 이후의 세상에서 이를 잘 활용하게 될 것이다.

마케팅 맥락에서 인사이트의 의미

'인사이트'라는 단어가 있습니다. 원래 어원은 말 그대로 '내면을 바라보는 것'으로, 자신이 처한 상황 또는 자기 문제의 본질을 이해하는 능력이나 행위를 의미하며, 마케팅 이론에서는 소비자의 심리를 파악해서 선호와 관심사를 제대로 알아차리는 통찰력을 의미합니다.

그런데 실제 마케팅 현장에서 어떤 사람이 '인사이트'가 있다고 할 때는 그냥 통찰력이 아니라, '문제 해결을 위한 통찰력'이 있다는 의미일 때가 많습니다. 문제 해결과 통찰력 중에서 문제 해결 쪽에 더 방점이 있는 것이지요.

마케팅 현장에서의 문제나 양상은 사실 케이스마다 각기 다릅니다. 엉켜 있는 실타래로 비유해보면 이해하기 쉬울 것 같습니다. 복잡한 실타래는 저마다의 독특한 이유와 맥락으로 얽혀 있지요. 이렇게 엉킨 실타래를 풀기 위해서는 가장 핵심적인 지점, 즉 핵심 고리를 제대로 찾아내는 것이 제일 중요합니다.

저는 마치 엉킨 실타래처럼 풀기 어려운 난맥상을 보이는 실제 마케팅 현장에서 숨어 있는 핵심 고리를 바로 찾아내고 풀어나가는 능력을 인사이트라고 정의합니다. 그런데 이 문제 해결의 핵심 고리가 늘 같을 수는 없습니다. 때로는 체계적인 데이터 분석일 수 있고, 때로는 효과적인 브랜딩일 수도 있습니다. 혹은 임팩트 있는 체험 콘텐츠나 효과적인 미디어 활용이 그 방법일 수도 있겠죠. 즉, 문제 풀이 방법은 그때그때 다르고, 이러한 문제 풀이를 위한 기초 체력이 바로 인사이트라고 생각합니다.

인사이트란?

⚙ 사전적 의미
자신이 처한 상황 또는 자기 문제의 본질을 이해하는 능력이나 행위.
정신의학에서는 종종 정신 질환에 대한 자기 인식을 뜻함.

⚙ 마케팅 이론에서의 의미
소비자의 심리를 파악해 선호와 관심사를 제대로 알아채는 통찰력.

⚙ 마케팅 현장에서의 의미
케이스마다 양상이 다양한 마케팅 현장에서 문제 해결의 핵심 고리.

그러니 한 가지 초식에만 능한 마케터가 되어서는 곤란합니다. 마케팅에서 제일 큰 문제는 입체적이지 않은, 평면적이고 납작한 생각입니다. 누구나 예측 가능한 뻔한 논리에 한정된 사례라면 나오는 답은 늘 비슷하지 않을까요? 마케팅적 사고는 다양한 스펙트럼을 지니고 입체적이어야 그때그때 생기는 다양한 문제를 제대로 해결할 수 있습니다.

설명남이라는 마케터

필자는 저 자신을 '경계인'이라고 생각합니다. 한 영역에 지긋이 눌러앉아 능수능란한 터줏대감이 되는 것보다는 다양한 영역을 넘나들면서 '처음'이 주는 신선함을 즐기며 날카로운 감각을 유지하려고 애썼습니다. 마케팅에서도 뭔가 새로운 분야가 생기면 먼저 손을 들고 시도해보는 스타일이었죠. 해외 유학파 출신도 아니고 영어도 제대로 못 했지만, 글로벌 업무에 과감하게 뛰어들기도 했습니다. 쉬운 길은 아니었지만 나름 재미와 의미는 있었다고 자부합니다. 결국, 재미와 의미가 중요한 것 아닌가요?

저는 기획서에도 종종 그림을 활용했는데요, 특히 외국인과 일할 때는 직관적인 그림을 통해 커뮤니케이션에 많은 이득을 보았던 기억이 있습니다. 제 커리어를 한번 그림으로 표현해봤습니다.

1990년대 초반, 국내 브랜드 담당 리서치로 시작해서 마케터

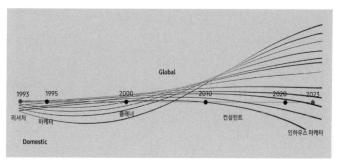

설명남이라는 마케터의 커리어를 그림으로 표현하면?

로 영역을 넓혔고, 세기가 바뀌는 2000년부터는 플래너라는 직함으로 기획을 강조하는 일을 했습니다. 2003년부터는 본격적으로 글로벌을 향해 뻗어 나가던 클라이언트 덕분에 해외 소비자를 타깃으로 한 업무를 시작했고, 2010년부터는 컨설턴트 직함으로 조금 더 깊이 있는 해결책을 내기 위한 고민을 했습니다. 브랜드 컨설팅 업무는 대략 20년 차 이후에나 했던 것 같습니다. 그리고 최근에는 인하우스 마케터로서 마케팅의 모든 분야를 클라이언트사 내부에서 고민하고 결정하는 일을 했습니다.

스스로 얘기하기 조금 낯간지럽지만 리서치에서 브랜딩, 숫자에서 인사이트, 국내에서 글로벌, 그리고 대행사에서 인하우스까지 꽤 긴 시간 동안 현장에서 많은 경험을 한 올라운드 마케터라고 생각하고 있습니다.

최근 마케터의 분류

최근에는 마케터를 일하는 자리에 따라서 인하우스 마케터, 대행사 마케터로 구분하고, 실제 업무 자체는 브랜드 마케팅, 퍼포먼스 마케팅, 콘텐츠 마케팅, CRM 마케팅, 그로스 마케팅으로 분류합니다. 생각보다 굉장히 다양한 업무가 있는 것처럼 보이지요? 그래서 뭐가 뭔지 모르겠고, '어떻게 그걸 한 사람이 다 할 수 있을까?'라는 의문이 들기도 합니다. 하지만 이런 이야기는 거꾸로 말하면, 사실상 마케팅이나 마케터한테 거는 기대가 높아진 거라고 해석할 수도 있을 것 같아요. 그래서 마케터의 진입 장벽이 높아지고, 진짜 전문가가 되어가는 것 아닌가 싶습니다. 누구

요즘 마케터 분류법

인하우스 마케터					대행사 마케터			
브랜드 마케터	퍼포먼스 마케터	콘텐츠 마케터	CRM 마케터		브랜드 마케터	퍼포먼스 마케터	콘텐츠 마케터	그로스 마케터

생각보다 다양한 업무들
"뭐가 뭐지?" 내지는 "어떻게 이걸 (한 사람이) 다 해?"

나 할 수 있는 일이면 가치가 떨어지잖아요. 전장에서도 싸울 수 있는 무기가 많으면 훨씬 더 유리하거든요. 이런 식으로 무기가 많이 생기는 것은 우리 산업이나 우리 후배들에게 유리한 상황이라고 봅니다.

디지털 기술 이야기

이렇게 많은 종류의 마케터가 탄생하게 된 가장 강력한 배경으로는 단연 디지털 기술의 발전을 꼽을 수 있습니다. 앞서 제 커리어를 그림으로 표현한 것은 여기서 기술 이야기를 더 사실적이고 입체적으로 와닿게 만들기 위한 복선 같은 거였습니다. 공교롭게도 제가 일한 기간이 정확하게 디지털 기술의 획기적 발전 기간과 크게 겹치고 있습니다.

제가 사원-대리로 한창 일하던 1995년 무렵부터 우리 업무 현장에 다양한 디지털 기술이 본격 도입되었습니다. 저는 직장에서 컴퓨터로 일한 첫 세대였고요. 그로부터 몇 년 지나지 않아 인터넷이 상용화되어 모든 정보를 글로벌 차원에서 소통하는 시대가 열렸죠. 가전제품도 디지털화하고, 핸드폰 보급으로 일상 속 SNS가 본격화되었죠. 곧이어 2010년부터는 '스마트폰'이나 '모바일 테크'라는 용어가 일상적으로 쓰였고, 그 비슷한 시기에 업계에서는 빅데이터 얘기가 본격적으로 나왔습니다. 그리고 최근에는 AR, VR, AI 같은 기술이 연이어 등장하고 있습니다.

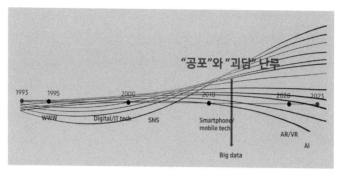

마케팅업계에 변곡점이 된 사건. 빅데이터의 출현

빅데이터 출현과 2개의 상이한 반응

그중에서도 특히 마케팅업계에서 시대의 변곡점이 된 사건은 빅데이터의 출현이었습니다. 2012년경이라고 기억하는데, 당시의 마케팅업계 상황을 한마디로 얘기하면 공포와 괴담이 난무하는 분위기였다고 할 수 있죠. 사실 그 이전부터도 연말마다 "내년이 가장 위기다"라는 이야기는 경제나 경영 분야에 몸담은 사람들이 늘 듣는 소리였습니다. 그런 얘기에 어느 정도 익숙해져서 위기감다운 위기감을 그다지 느끼지 못했는데, 빅데이터가 사람들에게 진정한 위기감을 일깨워주었습니다. 기존에 진행하던 4대 매체(TV, 신문, 잡지, 라디오) 광고를 통한 일방적 소통이 아니라 유튜브·페이스북 같은 디지털 소셜 미디어가 급성장하고 실제 소비자들의 반응이 데이터로 축적되어가는 과정이었으니, 정말 지금까지 해온 마케팅이나 캠페인과는 완전히 판이 다른 것들을 설계해야 한다는 절박함이 생길 수밖에 없었죠.

당시 저에게는 두 가지 행동 패턴이 보였습니다. 첫 번째 패턴은 마케팅 '러다이트운동'이라고 정의하고 싶습니다. '빅데이터는 잠깐 유행하다가 지나면 사라질 거다'라고 자기 위안을 하던 부류죠. 그래서 심지어는 《빅데이터는 없다》라는 책이 나왔고, 저도 그걸 구입해 보면서 약간 위안을 받기도 했습니다. 두 번째 패턴은 '변법자강운동'이라고 정의하고 싶은 흐름이었습니다. '빅데이터가 아직은 구체적으로 현실화되지 않았지만 언젠가는 시장을 지배할 것이다'라고 판단하며 적극 대처하자는 부류였지요.

제가 속해 있던 대행사에서는 훌륭하게도 미래를 준비하자는 다짐을 빠른 속도로 실행에 옮겼습니다. 해외나 국내에서 작으나마 실제 디지털 플래닝 업무를 해본 경력 직원을 과감하게 채용해 기존의 플래닝 그룹에 배치하고, 그들과 함께 진행할 만한 프로젝트를 만들기 위해 현장을 독려했습니다. 근본적으로 다른 접근 방식 때문에 같이 일하는 게 무척 힘들었던 기억도 있지만, 어쨌든 서로 조금씩 각자의 지식과 경험을 공유하며 새로운 방법을 모색할 수 있었습니다.

조직 덕분에 이렇게 강제적으로 새로운 물결을 경험한 사람도 있고, 그 방면에 과감하게 몸을 던져 커리어를 걸고 새롭게 일을 시작한 사람도 있었지요. 개중에는 새로운 판에서 크게 성공한 분도 많고, 실패해서 다시 종합 마케팅 영역으로 돌아온 분도 있지만, 어쨌거나 결론적으로 지금까지 살아남은 마케터라면 '변

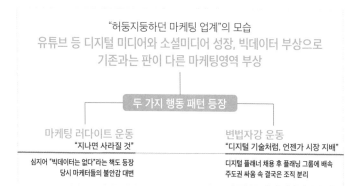

"허둥지둥하던 마케팅 업계"의 모습
유튜브 등 디지털 미디어와 소셜미디어 성장, 빅데이터 부상으로
기존과는 판이 다른 마케팅영역 부상

두 가지 행동 패턴 등장

마케팅 러다이트 운동
"지나면 사라질 것"

심지어 "빅데이터는 없다"라는 책도 등장
당시 마케터들의 불안감 대변

변법자강 운동
"디지털 기술처럼, 언젠가 시장 지배"

디지털 플래너 채용 후 플래닝 그룹에 배속
주도권 싸움 속 결국은 조직 분리

법자강파'의 후예가 아닐까 싶습니다.

변화는 어려웠지만, 그걸 극복한 마케팅 시장은 현재 영광을 누리고 있습니다. 대한민국 광고 마케팅 시장은 한 10년 사이 대략 60% 이상 성장했습니다. 그 내용을 들여다보면 디지털 부분이 고성장을 주도했다는 걸 알 수 있지요. 전체 대행사 순위에서도 이를 확인할 수 있는데, 10위권 안에 디지털 대행사가 세 곳 정도 들어가 있습니다. 10위권 바깥에는 훨씬 많은 디지털 대행사가 포진해 있고요. 물론 종합 광고 대행사 역시 내부에 디지털 부문을 운영하고 있죠. 이처럼 디지털 분야가 전체적인 성장을 견인해왔고, 디지털 대행사와 종합 광고 대행사의 내부 디지털 조직까지 합치면 전체 시장의 60%가량을 디지털 영역이 차지합니다.

이 10년 동안 마케팅업계는 근본적으로 많이 바뀌었습니다. 마케팅 대행사에서 하는 일의 양과 업무 종류 자체가 많아졌고, 일반적인 클라이언트사에서 해야 하는 마케팅 업무도 나양해졌

대한민국 광고 마케팅 시장

2012년 [9.7조]	2022년 [15.8조]
1.제일기획	1.제일기획
2.이노션	2.이노션
3.HSAD	3.HSAD
4.SK플래닛	4.대홍기획
5.대홍기획	5.플레이디
6.TBWA코리아	6.SM C&C
7.덴츠미디어코리아	7.FSN
8.JWT	8.에코마케팅
9.오리콤	9.TBWA코리아
10.한국언론진흥재단	10.레오버넷

방송 36%, 인쇄 22%, 옥외 9% 》 인터넷 22%

방송 27% 《 디지털 57%

#FSN (애드쿠아, IDD, 카울리, 이모션 등 소속), #차이, #그랑몬스터, #디블렌트, #디지털 트리니티, #디베이스엔 #키스톤마케팅, #코마스, #머릴레인 #펜타클 #하나애드아이엠씨 #더에스엠씨그룹 #이노레드

습니다. 그래서 앞서 말씀드린 것처럼 마케터 한 사람이 해야 하는 업무의 폭이 훨씬 넓어졌지요.

그러는 동안 노하우를 제대로 익혔다면 분명 경쟁력은 더 강해졌으리라 생각합니다. 저 역시 참 어렵게 어렵게 살아남은 사람 중 하나인데, 여기서 제가 빅데이터 기술을 활용해 진행한 세 가지 업무 사례를 공유하고자 합니다.

2015년 제가 중국 주재원으로 있을 때, 빅데이터를 활용해 스마트폰 사용자의 구매 의사 결정 과정(Decision Journey)을 분석했던 프로젝트입니다.

작업은 두 가지 질문에서 시작되었습니다. 주 경쟁사인 애플은 광고비를 TV와 아웃도어에만 쓰고 디지털에는 하나도 안 쓰는데, 삼성 브랜드 갤럭시는 왜 이렇게 디지털에 돈을 많이 써야 하는가? 지금 디지털 광고비를 제대로 쓰고 있는가, 그리고 어떻게 해야 더 효율적으로 쓸 수 있는가? 이는 클라이언트가 늘 하던 질문이기도 했습니다.

우리도 데이터적인 근거가 부족해서 판단을 내리기가 힘들었죠. 그래서 먼저 제안을 했습니다. 그렇다면 이참에 제대로 한번 확인을 해보자고 말입니다. 그리고 설문 조사를 진행하면 정직한 답이 안 나올 수도 있으니, 소비자의 실제 행동을 들여다볼 수 있는 빅데이터를 통해 분석을 해보자고 했죠. 제법 많은 비용과 시간이 투자되는 프로젝트였습니다. 하지만 디지털 마케팅에 들어가는 엄청난 예산을 생각하면 정말 중요한 일인지라 진행하는 것으로 결정이 났고 저희는 실행에 들어갔습니다. 그런데 빅데이터를 수집하고 분석하는 과정이 정말 쉽지 않았습니다. 약 3개월 정도 걸린 프로젝트였습니다.

"A사는 TV, 아웃도어 돈만 쓰고
디지털은 투자도 안 하는데,

왜 S사는 디지털에 이렇게
투자를 많이 하나?"

"지금 우리가 디지털에
투자하고 있는 것이 맞아?

제대로 잘 하고 있는 건가?"

리서치 디자인을 간단하게 설명하면 이렇습니다. 먼저 향후 2개월 이내에 스마트폰을 구입하겠다는 사람을 대략 1000명 정도 모집해 사전 설문을 하고, 한 달 정도 지난 다음 실제 한 달 이내에 구매 의사가 있는지 다시 한번 확인했습니다. 760명 정도가 한 달 이내에 사겠다고 응답했고, 이들에게 구매 의사 관련 설문을 실시했습니다. 그런 다음 응답자의 컴퓨터에 실제로 어느 사이트를 방문하고 어떤 내용을 서칭하는지 확인할 수 있는 칩을 설치했습니다. 물론 당연히 데이터 수집과 활용 동의도 받고요. 그리고 한 달 후 다시 찾아가서 실제 구매 여부를 체크했더니 최종적으로 262명이 스마트폰을 샀다는 걸 확인했습니다. 이들을 대상으로 사후 설문까지 해서 최종적으로 하나의 데이터 세트(Set)를 구성했습니다.

여기서 나온 결과의 키포인트는 삼성 브랜드가 구매 고려 단계 대비 실제 구매율이 낮다는 점에 있었습니다. 구매 고려 단계에서는 '어떤 브랜드를 사시겠습니까?'라는 질문에 삼성이 애플

향후 2개월 내 구매 의사를 밝힌 중가 이상 스마트폰 USER 1,000명 중
실제 구매한 262명의 사전 사후 설문 및 1달간 실제 로그데이터 분석 (6월말~7월초시점)

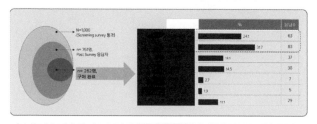

결과 keyPoint

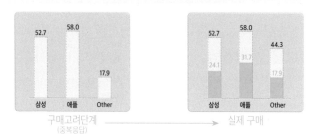

"애플 대비 구매고려 91% 수준"   "실제 구매율은 77% 수준"

대비 90% 정도 수준으로 나왔거든요. 그래서 딱히 낮지 않다고 판단했는데, 실제 구매한 사람의 비율을 보니 애플 대비 77% 수준으로 14% 포인트 정도 낮았습니다. 즉, 처음엔 삼성을 생각했다가 애플로 간 사람이 생각보다 많다는 걸 수치로 확인한 것이죠.

이 결과를 보고 저희는 마케팅 과제를 두 가지로 정의했습니다. 그중 하나는 처음에 삼성을 구매하겠다고 한 사람이 최종

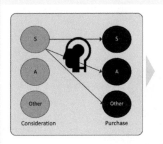

1. 고려자가 구매 단계에 이르기까지 남아 있게 된 주요 동인이 무엇인지 밝혀내고 **이를 강화시키는 전략 도출**

2. 고려자가 어떤 접점 혹은 어떤 정보를 접한 뒤 이탈했는지 **원인을 밝혀내고 개선방향도출**

적으로 삼성을 구매했을 경우, 끝까지 남아 있게 된 주요 동인이 무엇인지 알아내고 그 활동을 더욱 강화하는 것이었습니다. 다른 하나는 더 큰 과제인데, 처음에 삼성을 생각했다가 애플로 간 사람의 경우, 의사 결정 과정 중 어떤 부분, 어떤 콘텐츠의 영향을 받아 이탈을 한 것인지 알아내는 것이었습니다. 이 두 가지 이슈를 중심으로 검증하면 제대로 된 전략 방향이 나올 수 있겠다고 생각해 집중 분석을 하기로 했습니다.

이 과정에서 삼성 브랜드 구매자의 특징을 제대로 이해하는 것이 무엇보다 중요했습니다. 성별·나이 등 기본적 특징이나 가치관·선호도 같은 모호한 특징 말고, 실제 제품 구매 의사 결정과 관련된 행동을 통해 소비자를 이해하는 것은 매우 신나는 경험이었습니다. 이러한 분석을 통해 파악한 바에 따르면, 삼성 스마트폰 제품의 가장 큰 특징은 경쟁사 대비 거의 서너 배 정도 온라인 검색량이 많다는 점이었습니다.

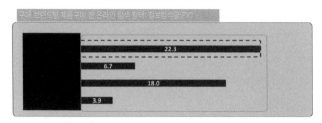

최종 구매자들의 온라인상 활동 특징: 온라인 정보 탐색량이 많다
▶정보탐색이 활발한, 이성적 소비자

구매 브랜드별 제품구매 전 온라인 탐색 행태: 정보탐색량(PV)

22.3

6.7

18.0

3.9

즉, 정보를 많이 탐색하는 고(高)관여 소비자, 이성적인 소비자라는 의미였죠. 실제로 어떤 정보를 탐색했는지 살펴보니, 브랜드 웹사이트에서 제공하는 것처럼 한 회사의 일방적 발신 메시지가 아니라, 인플루언서나 전문가들이 객관적으로 리뷰한 내용을 훨씬 더 많이 참조했습니다. 프로페셔널 리뷰나 이커머스 내 소비자 리뷰를 꼼꼼하게 참조하는 형태로 말입니다.

앞선 분석에 근거해 집토끼-삼성 브랜드를 좋아하는 팬층-를 지키기 위한 우리의 전략은 '외부 제삼자에 의한 리뷰 콘텐츠 강화'였습니다. 처음부터 삼성 스마트폰을 고려하고, 자료 검색 후 최종 구매까지 한 소비자는 대체로 이성적이고 합리적인 판단을 중시하는 사람들이고, 일방적 광고 메시지보다는 전문가나 파워 블로거의 객관적 의견을 훨씬 더 많이 참조하는 게 분명했으니까요.

**최종적으로 삼성 스마트폰을 구매한 사람들은
이성적이고 합리적인 판단을 지향하는 사람들**

그들에게는
전문가나 파워블로거의 의견이 중요.
Maker 외의 제삼자가 제공하는 객관적인 정보가
구매 유인에 효과적

그런데 이런 사실이 광고를 만드는 우리 회사의 이익에는 반하는 것 아니냐는 질문이 있을 수 있습니다. 하지만 그런 리뷰 콘텐츠가 100% 다 자발적으로 나오는 건 아니잖아요. 외부의 유력 인플루언서들을 찾고, 그들과의 효과적인 협업을 통해 더 수준 높은 콘텐츠가 만들어지도록 하고, 또 그 내용이 우리의 타깃이 자주 찾는 탐색 경로에 제대로 잘 위치하도록 하는 것 역시 대행사의 몫이죠. 그렇기에 우리도 회사 이익에 반하지 않는 선에서 매우 양심적인 제언을 할 수 있었습니다.

그럼 두 번째로, 처음엔 삼성 브랜드를 고려했다가 최종적으로 마음을 바꾼 소비자는 어떨까요? 이들의 행동 데이터를 보니 경쟁사 브랜드 사이트로 바로 가는 비중이 높았고, 전문가 리뷰는 상대적으로 중요도가 떨어졌습니다. 그리고 당시 중국의 대표 검색 사이트 바이두(Baidu) 내 검색 데이터 분석 결과, 기술보다는

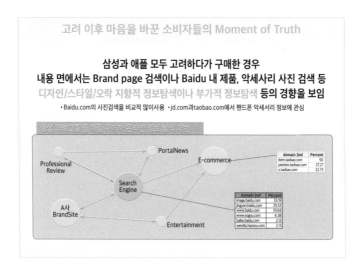

제품 사진과 액세서리 사진 등을 검색하는 경향이 비교적 높았습니다. 그래서 우리는 이들이 제품의 기술이나 스펙에 관심이 있기보다 디자인, 스타일, 오락 지향적인 정보 탐색, 부가적인 정보 탐색을 많이 하는, 다분히 기술 저(低)관여 소비자라고 결론 내렸습니다.

더불어 이러한 기술 저관여 소비자를 설득할 수 있는 효과적인 접점은 이커머스 사이트라고 판단했습니다. 우리가 경쟁사 홈페이지를 손댈 수는 없는 노릇이니까요. 그래서 우리는 디자인이나 액세서리 관련 프로모션 활동을 활발하게 하면서 이들이 이커머스 사이트에 왔을 때 눈에 걸리게 하자는 방향을 잡고 구체적인 제안을 준비했습니다.

제가 프로젝트를 통해 얻은 시사점은 크게 세 가지였습니다.

첫 번째로, 빅데이터는 기본적으로 행동 데이터이기 때문에 그 이유를 정확히 파악하는 게 어려운 경우가 많다는 것입니다. 그럼에도 추측으로 행동을 이해하기 시작하면 사실상 그 추측이 맞을 수도, 틀릴 수도 있습니다. 즉, 열심히 데이터를 모아서 엉뚱한 진단을 내릴 수 있다는 얘깁니다. 빅데이터를 제대로 이해하기 위해서는 태도를 파악할 수 있는 별도 설문 조사를 실시해서 스몰데이터도 같이 수집하는 것이 좋습니다.

두 번째로, 빅데이터 분석이라고 해서 분석 그 자체에 압도되는 게 아니라, 이것도 결국은 마케팅의 한 과정이라는 과제 설정이 가장 중요하다는 점입니다. 빅데이터만 쓴다고 정답이 나오는 게 아니고, 결국은 그걸 어떻게 활용하느냐가 관건이라는 뜻입니다.

마지막으로, 마케팅 활동 방향이 분명하게 도출될 수 있도록 데이터 분석 자체가 굉장히 정교하고 디테일해야 합니다.

이 프로젝트는 결과도 꽤 깔끔하게 정리되었고, 의미 있는 인사이트가 많이 나와서 실제 마케팅 활동에 잘 활용했던 것으로 기억합니다.

사례 2 UX 분석에 따른 홈페이지 개선 방안 도출

이번에는 2019년 유럽에 있는 모 업체의 홈페이지에 들어오는 전체 방문객의 행동 데이터 분석을 통해 UX(User Experience) 개선 방안을 제안한 프로젝트를 소개하고자 합니다.

이 업무 역시 두 가지 질문에서 시작되었어요. 해당 업체의 홈페이지에 경쟁사 대비 훨씬 더 많은 정보가 있는데, 왜 많이 찾아오지 않는가? 그리고 일단 방문한 사람 중에서 구매자 비율이 낮은 이유와 이를 끌어올릴 방안은 있는가? 요약하면 뭐가 필요한지 몰라서 일단 콘텐츠를 마구 욱여넣었는데 정작 사람들은 많이 찾아오지 않고, 게다가 여기서 물건을 사는 사람도 없다는 이야기였죠. 노력은 많이 했는데 방문자도, 구매자도 없으니 난감한 상황이었습니다.

먼저, 고객의 구매 의사 결정 과정에는 수많은 채널이 존재하며, 이들의 역할과 중요도는 그 단계에 따라 달라진다는 걸 기억

경쟁사 대비 우리 홈페이지에는 훨씬 더 많은 정보가 있는데, 왜 활성화되지 못하는가?	왜 방문자 대비 구매자 비율이 낮은가? 어떻게 하면 올릴 수 있는가?

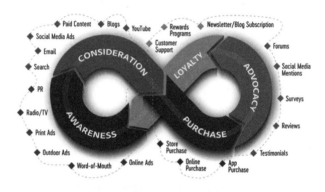

소비자 구매 의사 결정 과정 & 영향 채널들

해야 합니다. 그런데 의뢰받은 업체에서 우리는 '최초 구매-적극 탐색-구매 임박-구매 후'의 모든 단계에서 브랜드 웹사이트의 역할이 가장 중요하다는 정보를 받았습니다. 그러니 웹사이트의 퍼포먼스가 마케팅 활동 전반에 걸쳐 매우 중요한 상황이었죠.

처음 웹사이트를 방문했을 때의 느낌은 말 그대로 "무엇을 좋아할지 몰라서 다 준비했어"였습니다. 즉, 다양한 제품 정보와

라이프 스타일 이미지, 구매 조건 등 내용이 너무 많고 혼란스러웠습니다. 전형적으로 '너무나 성실한' 한국인 스타일이었죠.

우리는 "데이터를 하나로 뭉쳐보지 말자"는 방향으로 접근했습니다. 전체 빅데이터를 분석해서 "이것저것 다 문제다"라는 식으로 지적해봤자 정확한 마케팅 활동 방향이 잡히는 것도 아니고, 개선한다고 해서 마케팅 효율이 높아질 거라는 보장도 없었으니까요.

오히려 웹사이트에 들어온 사람들도 실제 구매 단계는 각기 다를 수 있다는 사실이 중요하다고 생각했습니다. 신제품이 나왔으니 그냥 디자인이나 구경하려고 들어오는 사람도 있고, 실제 구매를 염두에 두고 제품 스펙을 열심히 검색하러 오는 사람도 있고, 구매 의사 결정을 한 후 가격이나 조건을 탐색하러 오는 사람도 있으니까요. 이렇게 그룹별로 그들의 관점에서 중요한 문제점을 발견해내고, 그중에서도 가장 직접적인 KPI(Key Performance Indicator, 개인이나 조직의 전략 또는 전략 목표 달성에 대한 기여도가 높은 요소의 성과를 측정하는 지표)로 제시한 방문율과 실제 판매 전환율을 높이기 위한 방법을 찾아보는 쪽으로 방향을 잡았습니다.

그래서 실제 분석을 통해 초기 검색 단계의 소비자와 제품 정보 본격 탐색 단계의 소비자, 구매 조건 탐색 단계의 소비자로 데이터를 구분해봤습니다. 그 결과, 방문 목적에 따라 머무르는 시간(Duration Time)과 튕겨 나가는 비율(Bounce Rate)이 확연하게 다르다는 걸 발견했고, 실제 그 비중도 수치로 확인했습니다. 다음으로, 세 단계 고객들의 공통적인 행동(제품 스크롤 기능 등)을 발

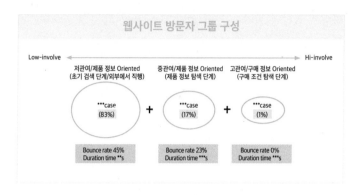

웹사이트 방문자 그룹 구성

Low-involve ←———————————————→ Hi-involve

저관여/제품 정보 Oriented
(초기 검색 단계/외부에서 직행)

중관여/제품 정보 Oriented
(제품 정보 탐색 단계)

고관여/구매 정보 Oriented
(구매 조건 탐색 단계)

***case
(83%)

\+

***case
(17%)

\+

***case
(1%)

Bounce rate 45%
Duration time **s

Bounce rate 23%
Duration time ***s

Bounce rate 0%
Duration time ***s

견해 이를 더욱 강화하는 방안을 제시하고, 마지막으로는 구매 단계 고객이 많이 하는 활동을 파악해 이들에게 불편함이 없도록 웹사이트 내 이동 단계를 줄이기로 했습니다.

　이 사례를 읽고 '음, 상식적으로 당연한 것 아니야?'라는 생각을 하는 독자도 있을 것 같습니다. 하지만 당시만 해도 빅데이터 분석팀과 일반 마케팅팀의 기능이나 역할이 제대로 시너지를 내지 못해 기술 활용과 인사이트 추출 사이에 간극이 있었다는 점을 염두에 두시길 바랍니다. 이를 극복하면서 나온 해결책이었죠.

사례 3　택시 호출 플랫폼 고객 세그먼트 & 리텐션 전략

마지막으로, 최근에 진행했던 택시 호출 플랫폼 고객 분석 프로젝트에 대해 말씀드릴까 합니다. 그런데 이 프로젝트는 엄밀하게

Data driven Decision

고객 대상 설문 진행 (857명 응답)으로 프로파일 분석 - Retention 및 Frequency 확대 위한 CRM 전략으로 전환

Light	*Medium*	*Heavy*
숫자 비중 50% 매출 비중 20%	숫자 비중 30% 매출 비중 20%	숫자 비중 30% 매출 비중 50%
*회 탑승 (밀려서 어쩌다 탄 사람들)	*회 (주로 저녁 약속 후 귀가)	*회 이상 (일상 사용)

말하면 빅데이터 분석이 아닙니다. 왜냐하면 우리나라는 데이터 관련 보안 정책이 아주 엄격해서 실제 우리가 확보한 내부 데이터라고는 택시 탑승 횟수와 시간대, 요금, 탄 곳과 내린 곳 정보밖에 없었으니까요.

나이나 성별도 확인할 수 없으니, 데이터로서 가치가 거의 없는 셈이었지요. 그래서 할 수 없이 전체 빅데이터 분석을 통해 대략 몇 번 이상 해당 플랫폼을 이용해야 안정적으로 '우리 고객화 (Lock-in)'되어 이탈률이 떨어지는지 통계적으로 확인하기로 했습니다. 아울러 이용 횟수를 기준으로 고객을 헤비, 미디엄, 라이트로 세분화한 후 전체 고객 2000명으로부터 857개의 설문 응답을 받아 이를 승차 데이터와 함께 분석했습니다.

그 결과, 궁금했던 의문이 대부분 해결됐습니다. 성별, 결혼 여부, 자녀 여부, 해외여행 빈도, 저녁 회식 빈도까지 알아내고 나니 우리가 유일하게 알고 있던 '횟수'와 '요금'에 대한 의

리서처 출신이라 가능했던 어프로치

Light	Medium	Heavy
3~50대 일반직 남자	3~50대 중고소득 남녀	3~40대 전문직 미혼녀 + 4~50대 비즈니스
남자 비율 높음(남 59%) 기혼 비중 높음(기혼 66%) 유자녀 비중 높음(유자녀 58%)	남녀 반반(남 49%) 기혼 비중 중간(기혼 63%) 유자녀 비중 중간(유자녀 57%)	여자 비율 높음(남 43% vs 여 56%) 미혼 비중 높음(기혼 54% vs 미혼 45%) 유자녀 비중 낮음(유자녀 47%)
한달 가용 용돈 가장 낮음 100 이하 39% (100~300 47%) 300 이상 21%	한달 가용 용돈 중간 100 이하 31% (100~300 35%) 300 이상 34%	한달 가용 용돈 높음 100 이하 28% (100~300 28%) 300 이상 43%

문이 많이 풀리더군요. 그에 따라 CRM(Customer Relationship Management, 고객 관계 관리) 활동도 이전보다 훨씬 효과적으로 진행할 수 있었습니다. 말하자면, 빅데이터와 스몰데이터를 결합한 것입니다. 이를 통해 우리는 데이터 분석과 활용에는 마케터의 의지와 방향이 중요하다는 걸 다시 한번 확인할 수 있었습니다.

나가며

기술과 관련해 최근의 가장 큰 화두는 독자 여러분도 다 알다시 피 챗GPT겠죠. 초반에는 기술의 위험성에 대해 굉장히 떠들썩하 다가 이제는 다들 안심하고 있는 것 같습니다. 오히려 잘 활용하 면 괜찮겠다는 생각을 많이들 하고 있는 듯싶고요. 사실 이런 신 기술이 나왔을 때 차분하고 집요하게 자기 것으로 소화하는 사 람이 앞서나가고, 결국엔 더 많은 무기를 갖게 되겠죠. 저도 이번 에 자료 정리를 하면서 챗GPT를 이리저리 많이 활용해봤습니다.

예를 들어, 빅데이터가 마케팅업계에 어떤 영향을 줬냐고 질 문하자 20~30초 만에 주르륵 결과가 나왔는데, 그 내용이 나름 대로 깊이 있고 쓸 만했습니다. 제가 생각했던 방향과 꽤 많이 일 치하고요. 실제로 이렇게 자기 생각을 일목요연하게 워드로 2~3 장 분량으로 정리하기 위해서는 베테랑 마케터인 저도 한 2~3일 정도 고민하고 정리하고 수정해야 가능한데, 이걸 20~30초 안에 해주니 정말 유용하다는 걸 다시 한번 체감할 수 있었습니다.

플래닝 분야는 물론 크리에이티브 분야에서도 AI를 본격적 으로 활용하고 있어요. 많은 사람이 성공 사례로 이야기하는 발 렌시아가의 해리포터 IP 활용 사례는 제가 봐도 굉장한 것 같습 니다. 반면, 최근 국내에서 나오고 있는 광고 중 AI를 활용한 몇 편은 자막에 "AI를 활용했습니다"라는 정보가 뜨는데, 광고 자체 가 임팩트 있거나 새로워 보이지는 않는 것 같습니다. 그래서 결 국 중요한 선 기술이 아니라, 이걸 어떻게 활용하느냐가 문제인

AI를 활용한 광고 사례. 발렌시아가와 롯데리아

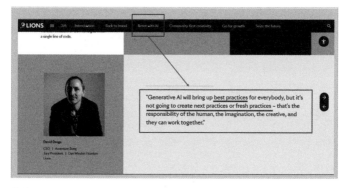

출처: info.canneslions.com

것 같아요.

　2023년 프랑스 칸 광고제에서 마케터와 크리에이터들이 모여 많은 이슈를 논의했는데, 그중 한 주제가 '리셋 위드 AI(Reset with AI)'였습니다. 당시 논의했던 내용이 잘 정리돼서 홈페이지에 올라왔는데, 제가 보기엔 다음과 같은 코멘트가 제일 적절했던 것 같습니다. "생성형 AI라는 것이 모든 사람에게 베스트 프랙티스(Best Practice, 모범 사례)를 가져다줄 수는 있지만, 그렇다고 새로운 미래의 프랙티스를 가져오는 것도 아니고, 반드시 신선하다고 얘기할 수도 없다. 그것은 결국 인간, 크리에이터의 몫이다." 정말 공감되는 얘깁니다.

지금까지 말씀드린 제 경험과 최근 사례, 업계의 관점을 보고 내린 결론은 이렇습니다. "AI 시대에도 우리는 어떻게든 살아남을 것이다. 그리고 인사이트 있는 마케터, 크리에이터라면 오히려 이 덕분에 더 강해질 것이다."

혁신 정신

02

Innovation

세상에 없던 새로운 생각이 마케터의 가능성을 키워준다. 최근 세상을 움직이는 새로운 생각은 혁신 IT 기업에서 주로 나온다. 하지만 중요한 건 기술 자체가 아니다. 그것이 사람들 삶의 맥락에서 어떤 의미와 가치를 지니는지 해석과 판단이 필요하다.

요즘 마케터라면, 중요한 기술 전시회(CES, IFA, MWC 등)의 화두 정도는 익혀야 한다. 그리고 몇몇 혁신 브랜드(애플, 테슬라 등) CEO의 주요 발표문 정도는 캐치하는 것이 좋다. 각자 맡은 산업 영역에 맞는 혁신에 대한 고민은 물론 각자의 몫이지만, 그렇더라도 한 시대를 가로지르는 주요 개념이 무엇인지는 적어도 파악해야 한다.

혁신의 시대, 혁신 이미지에 대한 높은 요구

저는 마케터로 일한 전체 경력 30년 중 대략 17~18년 동안 전자 업종을 담당했습니다. 그런데 마침 그 20년이 엄청난 기술 혁신의 시대였죠. 가전제품으로는 LCD TV, PDP TV, LED TV, 3D TV 등 디스플레이 혁신이 있었고, 냉장고와 세탁기까지 인터넷으로 연결되는 IoT(Internet of Things) 논의가 한창 일어났죠. 개인 스마트 디바이스도 스마트폰, 태블릿 PC, 스마트 워치, 블루투스 이어폰 등 몇 년에 한 번씩은 생각도 못 했던 놀라운 제품이 나왔고요. 지나고 보니, 공상과학 속의 상상이 현실화하는 시간이었나 싶기도 합니다.

사실 저는 기계치에 가깝습니다. 기술에 관심이 많거나 새로운 디바이스로 재빨리 바꾸는 얼리 어답터 스타일이 아니었습니다. 그런데 담당하는 제품이 그렇다 보니 혁신이라는 시대정신의 맨 앞에 서서 기술 트렌드 분석도 지속적으로 해야 하고, 잘나가는 테크 회사들의 최신 활동 분석도 해야 하고, 또 나와는 전혀 다른 전자제품 마니아들의 마음속을 연구하기도 하면서 참 허덕허덕 열심히 고민했던 것 같습니다. 그래도 지나고 보니, 제가 살아온 그 세상과 시대를 이해하는 데 많은 도움을 받은 듯싶습니다.

아무튼 당시는 저희 마케터 입장에서 여러모로 부담스러운 시기였습니다. 왜냐하면 누구나 너무 쉽게 혁신을 이야기하니 혁신 관련 경쟁이 붙고, 이에 대한 클라이언트의 요구 또한 굉장히 높고 예민해졌기 때문입니다.

특히, 2010년대 들어 경쟁 브랜드끼리 혁신 주도권 싸움이 첨예하게 벌어진 시기에는 아주 대단했습니다. 클라이언트사에서 신제품을 출시해 첫 캠페인 브리핑 미팅을 진행하면, 가장 자주 듣던 말이 있었습니다. "시장에서는 다들 '혁신' 하면 애플을 떠올리지만, 실제 제품은 우리 것의 스펙이 훨씬 좋다. 만약 시장에서 그걸 잘 모른다면 그건 마케팅 대행사 탓이다." 이런 책망 아닌 책망을 많이 들었죠.

당시에 흔했던 패턴을 구체적으로 살펴보면 이렇습니다. "올해 나온 우리 제품이 디자인은 그대로일지라도 사실상 굉장히 어려운 기술이 들어갔다. 자세히 설명하긴 어렵지만 엄청난 기술이

다. 이걸 소비자 워드로 잘 뽑아달라." "냉장고에서도 이런 기능은 처음이다. 20장짜리 설명서를 드릴 테니, 소비자 워드 하나로 임팩트 있게 정리해달라."

근데 이 얘기를 정리하면 결국 "우리가 기술 개발은 잘했으니까, 생활 속 의미는 대행사에서 알아서 고민해라"는 논리 구조 잖아요. 이는 기술과 인간 생활을 분리해서 생각하는 방식이라 문제가 있는 접근입니다.

어쨌든 클라이언트사의 요구가 그러하니 어떻게든 고민은 해야 했죠. 그래서 다른 브랜드는 도대체 이걸 어떻게 해결하나 싶어 주변을 많이 둘러보았습니다. 그러다 보니 뜻하지 않게 제가 글로벌 유수 혁신 브랜드의 벤치마킹 전문가가 돼버렸습니다. 그 중에서도 어느 브랜드에서나 모두 경외하는 애플에 대한 연구를 많이 했습니다. 거의 10여 년 동안 이 브랜드를 연구한 까닭에 함께 일한 동료들과 저는 농담으로 "우리는 이제 애플 전문가다!"라는 말을 많이 했었죠.

그런 연구 끝에 제가 개인적으로 내린 결론은 "애플의 정신은 슬로건에 답이 있다"는 것이었습니다. 알다시피 애플의 슬로건은 "다르게 생각하라(Think Different)"죠. 처음에는 '다르다'에 방점이 있다고 생각했습니다. '그렇지. 남다르니까 애플이지' 하고요. 하지만 캐면 캘수록 정작 중요한 본질은 '생각'에 있었습니다. 이젠 생각의 혁신이 중요하고 기술은 누구든 따라 할 수 있는 시대가 된 것 같아요.

10여 년의 연구 끝에 내린 결론
슬로건에 답이 있었다

Think different.

생각의 혁신이 중요하다
기술은 누구든 따라할 수 있다

애플의 지향점은 제품 혁신이 아니라 사람들의 경험

애플의 브랜드 미션을 보면 혁신은 하드웨어, 소프트웨어, 그리고 서비스 영역에서 하고, 그것이 향하는 건 결국 최고의 사용자 경험(User Experience)을 제공하는 것이라고 정확하게 나와 있습니다. 가장 혁신적인 회사이지만, 혁신 자체가 목적은 아니라

애플 브랜드 미션

**To bringing the best user experience
to customers through innovate hardware, software, and services.**

애플의 브랜드 미션. "혁신적인 하드웨어, 소프트웨어, 서비스를 통해 고객에게 최고의 사용자
경험을 제공합니다"

는 거죠.

실제 애플 제품을 사용한 후, 사람들의 키워드는 항상 두 가지로 수렴됩니다. 첫 번째는 '물 흐르듯 매끄러운'이라는 뜻을 가진 심리스(Seamless)입니다. 애플의 여러 디바이스가 서로 잘 연결되어 전혀 불편하지 않게 쓸 수 있다는 의미입니다. 두 번째는 인튜이티브(Intuitive)인데, 말 그대로 '직관적'이라는 뜻입니다. 어떻게 써야 하는지 구구절절 알려주지 않아도 되고, 번거롭게 어려운 설명서를 안 봐도 되는 것이죠. 사실 전자제품은 그게 최고 아닌가요? 어른뿐만 아니라 어린이에게 줘도 본능적으로 그냥 사용법을 알게 되는 것, 그게 직관입니다.

그러니까 기술이란 대단히 어려운 무언가가 아니라 누구나 쉽게 활용할 수 있는 길을 찾아서 열어주는 것이라는 거죠. 사실 이 두 단어는 단순히 개념적으로 설명하기는 쉽지만, 실제 제품으로 구현하려면 일반 소비자는 짐작도 못할 만큼 많은 사람의, 정말 큰 노력이 필요합니다.

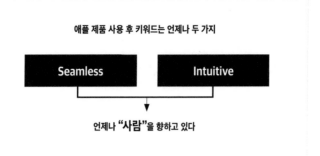

가장 최근의 애플 혁신 제품

2023년 5월에 열린 애플의 세계 개발자 대회에서 오랜만에 신제품이 나왔습니다. 바로 '비전 프로(Vision Pro)'라는 제품입니다. 업계에서 일반적으로 예측하기로는 '3D 고글'이 나오는 정도로 알고 있었죠. 그런데 3D 고글은 이미 메타, 소니, HTC 등에서 상용제품이 많이 나온 상태라 그 제품의 등장 자체가 새로운 것은 아니었습니다. 그래서 과연 어떤 포장으로 출시할 것인지에 궁금증이 몰렸던 것 같습니다. 과거에는 스마트폰, 태블릿 PC처럼 이전에 없던 완전히 새로운 혁신 제품을 냈던 애플이니까요.

궁금해서 실제 PT 영상을 봤습니다. 그리고 '역시 애플이네'라는 생각을 떨칠 수 없었죠. 그냥 단순한 제품이 아니라, 인간의 '공간 컴퓨팅' 이야기를 하고 있었거든요. 3D 고글 제품을 넘어 인간의 공간 컴퓨팅이 가능하도록 OS, 디바이스, 콘텐츠 전체

2023년 애플 신제품
비전 프로

를 어떻게 혁신적으로 가져갈지 언급했던 것입니다. 앞서 말씀드
린 것처럼 혁신은 뒤로 숨고, 이야기의 초점을 사람에게 맞추는
전형적인 애플의 화법인 것이죠. 이를 간단하게 도식화하면 이렇
습니다.

최고의 3D 고글이 아니라 《 **최초의 공간컴퓨팅**

Product excellence (X)   Concept excellence (O)
제품의 우수성 (X)   컨셉의 우수성 (O)

실제로 팀 쿡(Tim Cook)이 발표한 내용을 보면, 맥이 개인 컴
퓨터의 시대를 열고 아이폰이 모바일 컴퓨팅의 시대를 연 것처럼,
애플의 비전 프로는 우리에게 공간 컴퓨팅이라는 새로운 개념을
제시한다는 것입니다. 기술, 혁신 이런 얘기가 아니라 시대를 완전

히 나누는 '다른' 생각이라는 걸 어필한 겁니다. 저는 이 부분이 역시 애플답다고 다시 한번 감탄했습니다.

그런데 이 3D 고글 영역에서 경쟁자가 사실은 메타거든요. 메타는 이미 여러 버전의 3D 고글을 출시했고, 일반적인 인지도도 높습니다. 당연히 언론에서도 이 회사의 반응을 인터뷰했죠. "애플에서 이런 제품이 나왔는데, 어떻게 생각하십니까?" 그러자 메타의 CEO 마크 저커버그(Mark Zuckerberg)는 이렇게 대답했습니다. "우리 메타의 관심은 사회적인 헤드셋과 메타버스의 구축에 있다. 반면, 애플은 혼자 소파에 앉아 있는 사람들의 모습을 보여준다. 우리는 지향점이 다르다."

멋진 대응 아닙니까? 기술적으로 메타가 어떤 면에서 낫다는 식이 아니라 회사의 방향이 다르다는 얘기잖아요. 이런 게 확고한 비전을 가진 리더들의 제대로 된 화법이 아닐까 합니다.

기술보다 중요한 것은 생각

애플과 메타는 둘 다 좋은 브랜드입니다. 각각의 브랜드가 추구하는 이상적인 인간이나 라이프의 모습이 있고, 이를 관철하기 위해 노력하고 있죠. 애플이 최고로 편리한 디지털 환경 속에서 인간 개개인이 자신만의 삶의 질을 추구하는 모습을 그린다면, 페이스북에서 시작한 메타는 당연히 사람들 간의 관계 속에서 즐거움과 의미를 찾고 있습니다. 따라서 각 브랜드의 제품은 현재까지 나온 가장 최선의 방법일 뿐이고, 결국 중요한 것은 브랜드의 목표를 어떻게 달성해나가느냐 하는 데 있습니다. 요컨대 지금 당장의 제품 스펙 하나하나는 그리 중요한 이슈가 아니라는 뜻이지요.

브랜드가 그리는 이상적인 인간, 라이프의 모습이 있고
이를 관철시키기 위한 노력 경주

제품은 수단이다
목표는 사람이다

혁신은 그래서 결국 '생각의 방향'이라는 겁니다. 방향이 기술과 잘 맞아떨어지면 혁신적인 제품으로 세상에 출현하는 것이죠. 생각이 먼저냐 제품이 먼저냐 물어본다면 당연히 생각이 먼저입니다. 이를 바탕으로 세상에 없던 제품을 가능케 하는 것은 브랜드의 강력한 의지인 것이고요.

그런데 생각해보면 그동안 세상을 변화시킨 혁신이 꼭 기술 분야에서만 나왔던 건 아닙니다. 지난 20년 동안 세상을 크게 변화시킨 게 무엇인지 챗GPT에게 물어봤습니다. 제가 생각하고 있는 것과 비슷한 대답이 나올지 궁금했거든요. 결과를 보니, 9·11 테러와 경제 후퇴(Economic Recession) 같은 상황을 제외하면, 디지털 혁명(Digital Revolution)과 환경 문제 자각(Environmental Awareness), 그리고 사회정의 운동(Social Justice Movement)을 커다란 이슈로 얘기하더라고요. 사람들의 관심과 동향에 민감하게 반응하며 살아온 제 생각과도 거의 일치했습니다.

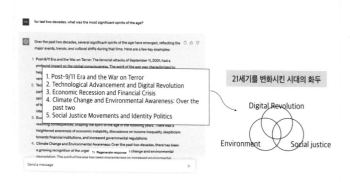

환경이라는 시대 이슈와 이를 품은 브랜드

사실 환경 이슈는 누구도 부인 못 하는 우리 시대의 화두이고, 인류 공동체의 생존과 직결된 문제입니다. 그렇다 보니 대부분의 브랜드가 저마다 환경 보전에 신경을 쓰며 이런저런 일을 하고 있다고 말하지만, 그 고민의 강도와 깊이는 완전히 다른 것 같습니다. 이런 상황에서 과연 어떤 브랜드가 이 이슈를 가장 혁신적으로 잘 자기화했는지 알아보는 것도 의미 있을 것 같았습니다. 그래서 환경 문제와 관련해 가장 대표적인 브랜드가 무엇인지 검색해봤더니 역시 파타고니아와 테슬라를 꼽더군요.

많이 알려진 것처럼 파타고니아는 오가닉 원료를 사용하고, 리사이클 제품을 만들고, 또 이익의 일정 부분을 정확하게 기부

챗GPT가 꼽은 대표적 환경보호 브랜드

파타고니아

Patagonia is a clothing and outdoor gear company that has a strong commitment to environmental sustainability. They prioritize using recycled and organic materials, minimize their carbon footprint, and donate a portion of their profits to environmental causes.

테슬라

Tesla is a leading electric vehicle(EV) manufacturer known for its commitment to sustainable transportation. They aim to accelerate the world's transition to sustainable energy by producing electric cars and renewable energy products, such as solar panels and energy storage solutions.

하는 것으로 유명한 회사입니다. 테슬라는 기존에 '시티 카(City Car)'라고 불릴 정도로 속도를 내기 어려웠던 전기 자동차의 수준을 한 단계 높여 상용화를 앞당김으로써 지구 환경을 생각하는 브랜드로 자리를 잡았고요.

그래서 한때는 '파타고니아 입고 프라이탁 메고 테슬라를 타면' 시대를 앞서가는 깨어 있는 지성인 같은 느낌을 주기도 했죠. 그런데 이 제품들이 사실은 대중적 제품이 아니라 가격대가 조금 높아요. 기존 제품보다 비싼 프리미엄 가격을 주고 사는 제품이죠. 가격이 얼마든 그걸 수용하고 구매한다는 것은 사실 제품의 차이 때문이라기보다 그 브랜드가 가진 생각과 가치에 공감하기 때문입니다. 여기서 제가 하고 싶은 이야기는 더 높은 가격을 받을 수 있는 프리미엄이라는 게 결국은 '생각의 힘'에서 나온다는 점입니다.

챗GPT가 꼽은 대표적 사회정의 브랜드

스타벅스

Starbucks has been involved in various social justice initiatives, including racial bias training for employees and supporting LGBTQ+ rights. They have taken steps to address social issues and promote diversity and inclusion within their workforce and customer experience.

에어비앤비

Airbnb has implemented initiatives and policies aimed at promoting diversity, inclusion, and combating discrimination within their platform. They have developed training programs for hosts and implemented anti-discrimination policies to create a more equitable experience for users.

사회정의 이슈를 브랜드로 내재화한 사례

인종과 성별, 그 밖의 다른 이유로 차별받는 사회구조에 대한 전 세계적인 문제 제기로 시작된 '사회정의' 이슈 역시 우리 시대의 중요한 가치입니다. SNS가 일상화하면서 사회에 뭔가 문제가 있을 때 기업이 과감하게 그걸 공유하고 공감하고 함께 행동하는 사례를 지켜봤는데요, 글로벌 브랜드 중에서는 스타벅스와 에어비앤비가 대표 브랜드로 꼽힙니다.

사실 한국에서는 그다지 알려지지 않았지만, 이 두 브랜드는 내부적으로 성이나 인종에 의한 차별에 민감하고, 다양한 가치의 공존을 인정하며, 차별 없이 모두를 포용하는 브랜드 정책을 펼쳐왔습니다. 내적으로나 외적으로나 이런 브랜드 가치를 인정받으면서 성장할 수 있었던 것이죠. 그런 기업 문화가 고객들에게도 흡인력으로 작용한 것이라고 생각합니다.

맛으로만 따지면 스타벅스보다 블루보틀(Blue Bottle)의 커피가 더 맛있을 수도 있겠죠. 그리고 트립어드바이저(Trip Advisor)가 에어비앤비보다 숙소 정보를 더 많이 가지고 있을 겁니다. 그렇지만 사람들이 스타벅스 커피를 마시고, 에어비앤비에 묵는 것은 결국 브랜드의 '앞선' 생각이 만든 프리미엄 때문이 아닐까 생각합니다.

지금까지 21세기를 이끌어온 세 가지 혁신에 대해 말씀드렸는데요, 결국 이 세 가지 차원에서 가장 중요한 것은 사람에게 집중하는 '생각의 힘'이라고 정리할 수 있겠습니다.

브랜드 숍을 기획할 때 대부분의 클라이언트가 '애플스토어처럼' 이라는 이야기를 많이 합니다. 제가 실제로 진행한 숍 기획 업무 때도 그런 요청을 들었는데, 문제는 클라이언트가 생각하는 수 준입니다. 대체로 깔끔하고 넓은 원목 테이블이라든지, 제품 배치 동선을 어떻게 할지, 또 판매원의 전문성을 어떻게 높일지 같은 실무적인 요소에 관심이 많습니다. 그런데 저는 그런 것도 중요하 지만, 실행 이면의 깊은 철학이랄까, 품고 있는 생각의 차이를 좀 더 관심 있게 보면 좋지 않을까 합니다.

'애플스토어처럼'이라고 하면 일반적으로 원목 가구, 미니멀 디자인을 가장 많이 떠올릴 것 같습니다. 조금 더 나아가면 벽에 독특한 제품을 전시하거나 스토어 안에 놓인 초록색 나무 정도 가 아닐까 싶네요. 그 외에 자유로운 스타일의 지니어스들과 외국 사진에서 본 듯한 유리 파사드? 조금 더 깊이 생각해본 사람이라 면 맥북 제품과 같은 디자인으로 외부 인테리어도 똑같이 만든 사례를 알고 있겠죠.

그런데 여기서 진짜 중요한 포인트는 관점이 완전히 다르다 는 점 같아요. 예를 들면, 애플은 공간을 규정할 때 "우리는 제품 을 판매하는 리테일이 아니라 인류에게 영감을 주는 박물관이 다"라고 정의하고, 제품 전시 자체도 백화점이 아니라 박물관처 럼 하죠. 일하는 직원도 단순한 판매원이 아니라 교육자라고 정 의하고요.

애플스토어 하면 일차적으로 떠올리는 것들

미니멀 디자인

유리 파사드

지니어스 바

원목 가구

독특한 진열대

지니어스

조금 더 아는 분이라면_ 제품 디자인

Apple extends the design language of its products into the built environment.
The logo glows on storefronts like the back of a MacBook. The aluminum of an iMac becomes wallpaper.

애플스토어 디자인 가이드라인

"애플스토어는 2001년부터 물건을 팔기 위해서가 아니라 교육을 하기 위해 디자인되었다. 제품은 백화점 상품이 아니라 박물관 전시품처럼 전시하고, 다른 어떤 것보다 고객의 경험에 관심을 둬야 한다."

이를 구성 요소별로 도식화하면 아래의 표처럼 정리할 수 있을 것 같습니다. 차이가 느껴지나요?

하지만, 사실 중요한 것은 완전히 다른 관점		
공간 규정	제품 판매하는 리테일이 아니라 [Not retail] 《	**인류에게 영감을 주는 박물관 [Museum]**
전시 규정	백화점 상품이 아니라 [Not products] 《	**박물관 전시품처럼 [Exhibits]**
스탭 (지니어스) 규정	판매가 아니라 [Not selling] 《	**교육 [Education]**

그렇게 꾸준히 역사를 쌓아오다가 2014년부터는 버버리에서 영입한 앤절라 애런츠(Angela Ahrendts)의 주도로 'Foster+Partners'라는 유명 건축 설계 회사와 함께 애플스토어의 개념을 '도시 광장'으로 더욱 확장시켰습니다. 세계 주요 도시의 가장 유명한 랜드마크에 브랜드를 연결시킨 거죠. 이런 작업 이후 유명 관광지에 여행 간 사람들은 아마 느꼈을 겁니다. 지금은 오히려 애플스토어가 유명 관광지 내에서 랜드마크처럼 되어가는 상황이라는 것을요. 애플다운 기본은 지키되 그 도시의 지역 특성에 맞춰 아름답게 변주한 디자인들이 너무 훌륭해서 개별 브랜드가 아니라 무슨 갤러리나 인류 공통의 유산 같다는 생각까지 들게 만듭니다.

'인류 유산'이라는 단어가 나와서 하는 얘긴데, 애플은 공간 구성 자체도 점점 더 인류 유산답게 네이밍하고 있습니다. 예를 들면, 그리스·로마 시대에 쓰던 '포럼'이나 '애비뉴' 같은 단어를

Champs-Elysees in Paris

Covent Garden in
London

Piazza Liberty in Milan

New York City's Grand
Central Station

도입해 공간을 개념 짓고 있지요. 음악 등 다양한 이벤트를 진행하면서 창의성을 자극할 수 있는 '포럼'을 갖추고, 고객을 제대로 인도하는 '애비뉴'를 정비하고, 지니어스 공간도 단순히 바(Bar)가 아니라 숲(Grove)으로 그 의미를 확대한 것입니다.

현대인은 앞서가는 스마트 디바이스를 통해 영감을 받고, 소통을 하고, 생활의 질을 향상시키고, 더 나아가서는 인류의 화합에 도움을 받는 측면도 있다고 생각합니다. 우리가 막연히 느끼고 있는 요소를 가장 먼저 캐치해서 이야기하니 애플의 것이 되고, 그런 까닭에 가장 앞서가는 브랜드처럼 보이는 선순환 구조가 이루어지는 것 아닐까요?

최근에는 워싱턴D.C.의 카네기 도서관에 애플스토어가 들어갔더라고요. '공공기관에 어떻게 사적인 브랜드가 들어갈 수 있어?' 이런 생각을 할 수도 있는데, 애플은 굉장히 당당합니다. "우리는 인류에게 영감을 주는 일종의 문화유산이다"라는 관점을 내세우고 있거든요.

제가 결론적으로 하고 싶은 말은 애플스토어의 진면목은 디

애플은 원래 카네기 도서관의 설립 취지가 대중을 위한 것이었다며, 애플스토어가 이곳에 위치함으로써 학습과 발견, 영감을 주는 진정한 도서관이 되었다고 강변한다.

자인적 요소가 아니라 그 속에 담긴 혁신적 개념이라는 사실입니다. 공간 역시 인간의 생각이나 개념에 많은 영향을 받다 보니, 새로운 생각의 틀을 갖추는 게 우선이고, 실제 디자인적 요소는 나중 문제라는 것이지요.

두 번째 사례는 LG전자입니다. 남의 떡이 더 커 보여서 그런지, 저는 'LG가 꽤 잘하는데?'라는 생각을 종종 했습니다. 소위 기술력이나 스펙 싸움의 문제가 아니라, 내세우는 비전이 그럴듯해 보여서 그랬던 것 아닌가 싶습니다. 속도보다 중요한 것은 방향성이잖아요. 사실상 가전 회사에서는 기술을 위한 기술이 아니라 그 기술이 어디를 지향하고 있느냐가 굉장히 중요한 포인트인 것 같습니다.

2003년에 브랜드 슬로건을 정한 후 지금까지 계속 유지하고 있는 꿋꿋함도 대단합니다. '라이프 이즈 굿'이라는 방향성도 굉장히 일관성 있고요.

최근에는 리인벤트(Reinvent)를 내세우며 다시금 한 단계 진전된 모습을 보이고 있는데, 여전히 고객이 더 좋은 삶을 누릴 수 있게끔 한다는 비전을 유지하면서 역동적으로 거듭나자고 이야기합니다.

제가 처음으로 LG에 놀랐던 건 2019년 CES 때였습니다. LG에서 집에서 만드는 맥주 기계를 선보였는데요, 당시는 혁신의 칼바람이 불 때라 저마다 살벌한 표정으로 전시를 준비하는 상황이었어요. 그런데 LG는 혁신과는 조금 거리가 먼, 그러나 라이프 스타일과 훨씬 더 연계된 그런 제품을 들고 나와서 의외였지요. 하지만 이런 역발상적 접근이 어쩌면 더 사람들의 주목을 받고 화제를 이끌었지 않았나 생각합니다.

뚝심 있는 브랜드 슬로건

"Life is Good"

since 2003

2023년 4월, Reinvent

**제품, 서비스 등을 통해 모든 사람들이 소중한 순간을 온전히 즐기는
'좋은 삶'을 누릴 수 있게 한다는 비전 유지 "단, 더 새롭고 역동적인 모습으로"**

 그 뒤에도 굉장히 소신 있게 '식물 재배기'를 내놨는데, 사실상 이런 제품이 얼마나 팔리겠습니까? 그런데도 당장의 매출을 노리고 하는 게 아니라, 브랜드가 바라보는 사람들의 라이프 스타일을 보여주는 효과가 있었지요.

 이어서 스탠바이미 TV를 선보였는데, 기술 자체로 얘기하면 분명 어려운 기술은 아닐 테시요. 그렇지만 실제 소비자의 라이

LG의 제품들은 브랜드가 바라보는 사람들의 라이프 스타일을 보여준다

프 스타일을 연구하다 보니 이런 솔루션이 나온 거잖아요. 저는 이런 마음이 정말 소중하다고 생각합니다. 최근에는 진정한 포터블 제품도 나와서 저 역시 사고 싶은데, 아직 상황을 좀 지켜보고 있는 중입니다.

이렇게 2011년에 나온 의류관리기 스타일러부터 최근의 스탠바이미 TV까지 LG는 굉장히 일관된 세계관을 보여주고 있는 것 같습니다. 기술은 단지 이러한 세계관을 거들 뿐이죠.

마지막으로 강조하자면, 혁신에서 중요한 것은 속도보다 방향성입니다. 단순히 기술을 위한 기술이 아니라 그 기술이 무엇을

현대인의 라이프 스타일에 맞춰 TV의 포터블화
를 진행한 LG 스탠바이미 TV

나름 누적된 소신들

2011년 '스타일러'
2019년 수제 맥주 맛을 집에서도 즐길 수 있도록 돕는 '홈브루'
2022년 집에서 식물을 재배하고 싶은 식집사를 위한 '틔운'과 '틔운미니'
신발을 최적의 방법으로 전시·보관할 수 있도록 도와주는 '슈케이스'
공기청정기와 테이블을 함께 사용할 수 있는 '퓨리케어 에어로퍼니처'
최근에는 '스탠바이미' TV까지

일관된 세계관 ≫ 기술은 거들 뿐

지향하는지가 분명해야 합니다.

사실 혁신은 현생인류가 살아남기 위해 공유해야 할 공통의
지혜라고 볼 수 있습니다. 그래서 월드 클래스 전시회나 CEO들
의 메시지 같은 것을 보면 굉장히 새로운 개념이 나올 때가 있죠.
마케터라면 자기 분야가 아니더라도 이런 혁신 개념에 관심을 기울이라고 당부하고 싶습니다. 우리의 기업 문화에서는 그때그때 상황에 따라 지향이나 소신을 바꾸는 경우가 있는데, 시대의 화두가 어느 쪽으로 흘러가고 있는지 파악하고 있으면 마케터로서 스스로 방향을 잡는 데 큰 도움이 될 것입니다.

Innovation

브랜드 &
페르소나

03

마케팅의 묘미-

아무리 숫자를 파고 파서 로직을 들이밀더라도 결국 소비자에게 남는 한 가지는 브랜드와 연결된 연상 그 하나다.

멋진 페르소나와 브랜드를 어떻게 절묘하게 링크하느냐, 그것이 마케터의 능력이다. 항상 그 시대에 인기 있는 모든 콘텐츠를 열린 마음으로 바라보는 자세가 중요하다.

내가 마케터라는 직업을 좋아하는 큰 이유 중 하나는 콘텐츠를 보는 것도 공부이기 때문이다. 〈스우파〉, 〈나는 솔로〉, 〈태계일주〉처럼 사람들 사이에 화제가 되는 인물이 나오는 콘텐츠는 보약처럼 챙겨 본다. 주말마다 공부하느라 즐겁다.

수치로 매진하는 마케팅업계

최근에 모 패션 플랫폼에서 낸 CMO(Chief Marketing Officer, 마케팅 최고 임원) 모집 공고를 우연히 봤습니다. 지인의 지인이 하는 회사라 누군가를 추천해주려고 마음먹고 있었는데, 흠, 보자마자 조금 놀랐습니다.

등장하는 단어들이 그로스(Growth), 트래픽(Traffic), 리텐션(Retention), SQL, 빅쿼리(BigQuery), 퍼널(Funnel), AARRR의 유저플로(Flow) 등 모든 행마다 매출과 직접 관련된 얘기가 참 집요하게 들어가 있더군요. 그런데 사실 이런 점은 어디나 다 비슷할 것 같아요. 꼭 플랫폼 회사뿐만 아니라 전통적인 사업 영역에서도 온라인 채널을 통한 직접 판매 영역이 늘어나면서 매일매일의 실적이 손에 들어오니 그만큼 더 민감해지는 것 아닌가 싶습니다. 다른 회사에서도 다 이런 식으로 달려갈 테니 가만히 있으면 자신만 뒤쳐지는 것 아닌가 하는 불안감도 있을 테지요.

우연히 발견한, 플랫폼 회사 CMO 모집 공고

합류하시면 이런 일을 함께 해요

- •••••••••의 Growth 총괄합니다.
- Performance Marketing, CRM, Data 팀을 포함하여 Growth에 관한 팀을 리드합니다.
- 신규 유저 획득, 리타겟팅 등 마케팅 전략을 수립하여 트래픽을 성장시킵니다.
- 앱푸시, KAKAO, SMS/LMS 등 다양한 CRM 채널을 통해 리텐션을 향상시킵니다.
- 쿠폰, 적립금 등 다양한 캠페인을 총괄합니다.

이런 분을 찾고 있어요

- IT 기업에서 10년 이상 마케팅 경력이 있으신 분
- SQL, BigQuery 등의 데이터 추출 및 분석이 가능하신 분
- 퍼널 분석, 코호트 분석, 리텐션 등 실무 이해도와 인사이트가 있으신 분
- AARRR의 User Flow에 대해 통합적으로 사고하실 수 있는 분
- 30명 이상의 조직을 리딩해 본 경험이 있으신 분

이커머스 플랫폼이 너무 활성화되는 게 결국 문제인 듯싶습니다.

초보 마케터의 관점에서 먼저 살펴보죠. 회사의 규모가 어느 정도 크고 역할이 나눠져 있는 곳이라면 단기적 수치 마케팅과 장기적 브랜드 마케팅 모두를 다루겠죠. 하지만 그게 아니고 모든 역량이 수치로 '몰빵'되어 있다면, 마케터 입장에서는 오로지 판매에 올인할 수밖에 없을 겁니다. "다른 것 생각하지 말고 그냥 매출을 올리기 위한 방안이 뭐냐?" 이런 식으로 판이 돌아가면, 당연히 업무에 회의감이 들지 않을까요. 마케팅이라는 게 원래 고객의 니즈를 이해하고 소통하며, 그 과정에서 회사의 매출과 성장이 실현되면 매우 재미있는 영역인데, 마치 우리에 갇힌 채 알만 낳는 양계장 닭처럼 매출을 뽑아내기 위한 판매 기술자가 되어가고 있는 건 아닌지 걱정도 됩니다.

소비자는 또 어떤가요. 요즘은 하루에도 수십 개의 앵벌이 문자가 오잖아요. 매일 특가 제품, 할인 프로모션, 예전에 검색한 제품의 광고 등등. 물론 대부분 안 보지만 한 번씩 필요한 제품이 있어 사기도 하죠. 그러면 그 회사 입장에서는 "그래, 맞아. 이렇게 열 몇 번 보내서 한 번 샀으니 그래도 7%의 전환율이 일어난 거야"라고 좋아할 수도 있죠. 그렇지만 너무 집요하게 이런 메시지를 지속적으로 보내는 회사도 있어요. 저는 그런 브랜드의 앱은 그냥 삭제해버립니다. 거리 유지를 적당히 잘 해줬으면 좋

이커머스, SNS 채널까지-하루에도 몇십 개씩 날아오는 메시지

겠습니다.

그러면 기업체 입장에서는 과연 이익일까요? 판매를 위해 플랫폼 이곳저곳에 제품 올리고, 그 제품에 대해 몰랐던 소비자가 그걸 구매하면, 잠깐 매출이 오르는 듯도 하겠지요. 하지만 결국 이게 공짜는 아니잖아요? 플랫폼 수수료에 광고비에 오픈 기념으로 엄청난 할인 행사까지 진행하면 시나브로 마진은 자꾸 줄어들고, 전체 수익은 오히려 안 좋아지는 결과를 낼 수도 있습니다.

기업체에서 여기저기에 들쭉날쭉한 가격으로 공급을 하면, 소비자 입장에서는 가장 유리한 조건으로 어떤 제품 하나를 사는 이익을 누릴 수도 있죠. 하지만 제품을 살 때마다 이런 탐색 시간과 노력을 들인다면, 과연 소비자에게도 이익이 될까요?

현재의 이커머스 판을 거칠게 요약하면, "싸고 좋은 제품을 많이 만들어서 박리다매라도 하자"인 것 같습니다. 어찌 보면 마케팅에서는 굉장히 초보적인 이야기죠. 처음 진출하는 기업에는 기회가 될 수도 있지만, 진입 장벽이 너무 낮아서 무한경쟁 도돌이표처럼 되지 않을까요?

어느 정도 자리를 잡고 나면 마진을 확보하고 안정적으로 기업을 운영할 수 있어야 하는데, 여전히 가격으로만 계속 승부해야 한다면 사업의 지속성과 성장에 문제가 생기겠지요.

어떤 기업 브랜드가 오래가기 위해서는 물리적 제품력과 가격 외에도 다른 브랜드와 차별되는 자기만의 것을 다양하게 만들어가는 게 중요한데, 현재 시장 구조에서는 매우 힘든 상황이 아닌가 싶습니다. 그리고 기업의 지속적 성장과 발전을 위해서는 마케팅 임원의 역할이 매우 중요한데, 앞서 보여드린 CMO 구인 사례와 같이 입사 다음 날부터 하루하루 매출에만 목을 매야 하는 상황이라면, 개인도 힘들겠지만 결국 회사도 궁극적으로 심각한 문제에 봉착할 겁니다.

브랜드에 대한 고민

마케팅에는 숫자를 초월하는 훨씬 큰 이야기가 있죠. 기업이 안정적으로 지속 가능하게 성장하기 위해서는 고객에게 단기적인 제품 효능을 넘어 더 가치 있는 것으로 오래오래 남는 무엇인가가 있어야 합니다. 이것을 우리는 뭉뚱그려서 '브랜드'라고 말합니다.

그런데 문제는 이 개념이 막연하고 모호하게 느껴진다는 점입니다. 그리고 일반적으로 브랜딩은 왠지 어려운 작업 아닌가 하는 부담감을 갖고 있는 것 같습니다.

지난번 직장에서 이 이슈를 가지고 내부적으로 피 튀기는 논쟁(?)을 벌인 적이 있습니다. 영업 출신 임원이 브랜드에 들이는 모든 노력과 비용을 아까워하며 "도대체 브랜딩을 왜 해야 하냐?"고 질문하는 바람에 제가 발끈했습니다. "그렇다면 브랜딩 컨설턴트였던 제가 한번 잘 정리해서 말씀을 드려보겠습니다" 하고 세 번에 걸쳐 강의 아닌 강의를 했었지요. 받아들이는 부분도 있고 그렇지 못한 부분도 있었지만, 제 입장에서는 현장에서 영업 마케팅을 해온 사람들이 대부분 품고 있을, 브랜딩에 대한 오해와 편견을 이해할 수 있는 좋은 경험이었습니다.

브랜드에 대한 정의는 사람들마다 조금씩 다른 것 같습니다. 마케터들도 브랜딩에 대해 약간씩 다른 생각을 갖고 있는 것 같고요. 그래서 이 부분에 대한 컨센서스(Consensus, 합의)가 필요하지 않나 싶습니다. 지금부터 하는 얘기는 현장에서 오랫동안 브랜드 프로젝트를 해온 현장 마케터가 생각하는 관점이라는 점을 먼저 말씀드립니다.

스타벅스 브랜드 사례
① 브랜드 연상

브랜드에서 무엇이 가장 중요한 지표일까요?

일반적으로는 인지도라고 말하지요. 물론 인지도도 중요합니다. 하지만 인지도는 그야말로 숫자에 불과합니다. 숫자는 그때그때 투자에 따라 왔다 갔다 할 수 있지요. 사람들이 잘 모르는 회사라도 광고비를 단기간에 수백억 원 쓰면 인지도는 금방 올라갑니다. 하지만 이건 사실 휘발성이 있습니다. 브랜드 핵심이 단단하지 않으면 금방 사라지고 맙니다.

저는 브랜드의 가치를 파악할 때 일차적으로 가장 중요한 것은 연상 이미지라고 생각합니다. 단, 연상 이미지를 볼 때는 나온 응답의 다양성과 긍정성 모두를 종합적으로 살펴야 합니다.

누구나 다 알 만한 스타벅스를 한번 예로 들어보겠습니다.

실제로 다양한 사람들에게 물어봤습니다.

'스타벅스' 하면 뭐가 떠오릅니까?

제일 첫 번째는 공통적으로 로고 이야기가 나옵니다.

초록색 여자, 요정, 특이한 로고.

다음으로 제품 이야기가 나옵니다.

그때그때 트렌드를 반영한 프라푸치노 등의 다양한 음료.

그다음이 묵직한 매장 인테리어죠.

원목 테이블과 다소 어두운 조명. 테이블 간 거리가 너무 가깝지 않아서 좋다는 느낌.

젊은 친구들은 **굿즈와 프로모션 아이템** 이야기도 많이 합니다.

매장에서 파는 굿즈의 퀄리티가 괜찮아서 갖고 싶기도 하고, 선물하기도 좋다.

또는 여름 휴가철 프로모션 아이템이 괜찮다.

그리고 **이곳에 오는 사람들** 이야기를 합니다.

왠지 퀄리티가 있는 사람들 같다. 그래서 사람들이 테이크아웃해서 음료잔을 당당하게 들고 다니는 것 같다.

마지막으로, "스타벅스를 찾는 사람들은 어떤 **라이프 스타일**을 좋아하는 것 같은가?"라는 질문에 이런 대답을 하는 사람도 있죠.

야외 돗자리나 피크닉 제품을 프로모션 아이템으로 줘서 그런가, 피크닉도 자주 가고 레저 활동을 즐기는 이미지가 있는 것 같다.

지금까지 살펴본 것처럼, 스타벅스는 이미지 요소가 굉장히 다양하고 풍부합니다. 그리고 전반적으로 긍정적입니다. 그러면 브랜드 자산이 양적으로나 질적으로 좋다고 얘기할 수 있겠죠.

반대로, 브랜드 자산이 매우 빈약하면 연상 자체가 이루어지기 힘듭니다. 알기는 아는데, 그냥 제품 이야기만 하는 정도죠. 사용자 이미지를 아예 연상하기 어렵다는 반응이 나오면, 사실 그 브랜드는 가치가 낮은 겁니다. 최악의 경우는 인지도가 높은데 연

상은 풍부하지 않은 브랜드입니다. 일회성 미디어 투자나 반짝 이슈로 뜬 것이지, 브랜드 실체는 허약하다고 봐야 하죠. 반대로, 인지도는 낮지만 좋은 이미지를 풍부하게 가지고 있다면, 가능성이 매우 높은 브랜드라고 봐야 합니다.

스타벅스 브랜드 사례
② 브랜드 피라미드

브랜드가 지닌 다양한 요소를 한 번에 정리하기 위해 일반적으로 쓰는 포맷이 브랜드 피라미드입니다. 가장 기본적인 제품 속성에서 시작해 실제로 소비자가 느끼는 좋은 점, 제품적 베네핏(Functional Benefits)과 감성석 베네핏(Emotional Benefits), 사람으로

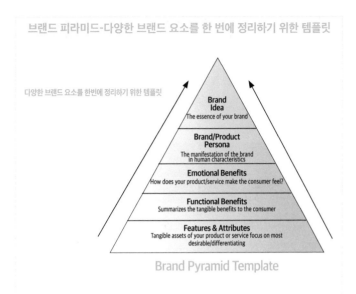

의인화한 페르소나, 그리고 그 맨 위에 브랜드 에센스가 자리하고 있죠.

그럼 앞서 이야기한 스타벅스 사례를 가지고 피라미드를 완성해보겠습니다.

먼저 제일 아랫단에 있는 기본적인 제품 특징으로는 퀄리티 있는 좋은 식음료, 그리고 퀄리티 있는 좋은 서비스와 분위기를 꼽을 수 있습니다. 물성적 베네핏은 식품 쪽에 더 포커스를 줘서 좋은 음료와 먹을거리를 다양하게 즐길 수 있다는 점, 감성적 베네핏은 아늑한 분위기에서 좋은 시간을 갖는다는 점을 들 수 있죠. 그다음 페르소나 같은 경우는 세련됨, 즐거움, 진실함

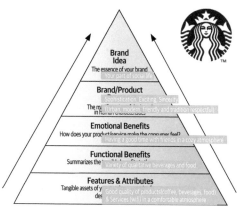

Brand Pyramid Template

출처: 스타벅스 홈페이지에서 내용 정리

(Sophistication, Exciting, Sincerity)이라고 스타벅스 자체적으로 정리하고 있습니다. 마지막 브랜드 에센스는 "여러분의 사회생활의 일부분"이라고 선언하고 있네요. 굉장히 야심찬 계획처럼 보이는데, 현재는 미국에서뿐만 아니라 세계적으로도 어느 정도 성취한 것 아닌가 싶습니다.

그러면 이번에는 이 다양한 브랜드 요소 중에서, 다른 카페도 많지만 사람들이 스타벅스를 좋아하고 굳이 찾아가서 앉고 싶게 만드는 강력한 힘은 어디에서 나오는 건지 한번 생각해보겠습니다.

비용 대비 제품력으로 말하면, 이른바 가성비 있는 프랜차이

블루보틀 브랜드 피라미드

BLUE BOTTLE
COFFEE

Brand Idea
The essence of your brand
A specialty coffee brand

Brand/Product
Consistent, clean aesthetic ideas
The m...
in human characteristics
Simple & modern cafe

Emotional Benefits
How does your product/service make the consumer feel?
Delightfully coffee tasting experience

Functional Benefits
Summarizes the ...
One-stop shop to educate customers

Features & Attributes
Tangible assets of y...
des...
Quality and freshness, coffee match service,
just been roasted coffee providing cafe

Brand Pyramid Template

출처: 블루보틀 홈페이지에서 내용 정리

즈 커피가 얼마나 많습니까. 또 제품 종류가 다양한 것으로 치면, 절대 뒤처지지 않을 브랜드도 많습니다. 커피 맛 당기게 하는 아늑한 분위기 혹은 멋지고 트렌디한 분위기 등으로 볼 때, 심지어 더 좋다고 생각하는 곳도 있을 수 있지요. 하지만 그럼에도 불구하고 스타벅스가 왠지 더 매력 있게 보이는 느낌은 어디서 오는 것일까요?

몇 년 전 블루보틀이라는 꽤나 강력한 대항마가 한국에도 생겨서 눈길을 사로잡았는데, 지금은 그 둘을 비교하는 사람이 거의 없는 것 같습니다. 블루보틀도 좋은 커피이고, 좋은 브랜드

스타벅스와 블루보틀의 브랜드 차이

스타벅스

보편적, 누구나 받아들이는

블루보틀

특별함, 분명한 취향

죠. 다만, 표방하고 있는 브랜드 요소를 앞서 얘기한 피라미드 형태로 정리해보면, 블루보틀은 상당히 전문가적인 커피 맛에 치중하는 마니아 브랜드라는 걸 알 수 있습니다. 보통 사람들이 대중적으로 선호하고 열망하는 일반적인 취향과는 다소 거리가 있는 듯싶습니다.

정리해보면, 적어도 브랜드적으로 스타벅스가 사람들이 보편적으로 좋아하는 말랑말랑하고 소프트한 감성과 라이프 스타일을 표방하는 쪽이라면, 블루보틀은 다소 특별하고 일부더라도 취향이 확실한 고객을 타깃으로 마케팅하고 있다고 볼 수 있습니다. 그리고 이런 브랜드 가치에서 가장 확실하게 차이를 보이는 영역이 바로 브랜드 페르소나와 브랜드 에센스입니다. 사실 제품의 특징이나 물성적·감성적 베네핏은 쉽게 따라 할 수 있는 영역이지요.

브랜드 이야기는 사실 복잡할 게 없습니다. 좋은 브랜드란 브랜드 피라미드 구조로 정리했을 때 브랜드의 지향하는 바가 정확하게 그려지고, 또 그 방향으로 초심을 잃지 않고 지속적으로 운영하는 일관성이 중요합니다. 또 하나 중요한 것은 실제 고객도 그렇게 인지하느냐의 문제입니다. 우리는 A 방향으로 노력해왔는데, 고객은 B 방향으로 인지하면 곤란하죠. 마케팅이라는 게 결국 자기 브랜드답게 활동해 고객 속에서 그 이미지를 쌓아가고, 이런 건강한 자산이 자연스럽게 실제 구매까지 연결되도록 하는 것인데, 그게 맞아떨어지지 않는다면 곤란하죠.

다시 정리하면, 브랜드의 핵심을 잘 정립(Set Up)하고, 실제로 일관되게 잘 운영(Operation)해 실제 고객이 다 비슷하게 인지(Aware)하고 있을 때, 이것이 진정한 파워 브랜드라는 겁니다.

그 사례를 들자면 글로벌에서는 애플과 나이키, 한국에서는 삼성, LG, 컬리, 배달의민족 등이 있습니다.

브랜드 파워의 효용

이렇게 쌓인 브랜드 파워는 무슨 가치가 있을까요? 손에 잡히지 않는 무형의 이미지 같은 것에 무슨 영양가가 있다고 그러는 건지 궁금해하는 독자도 있을 듯합니다. 그런 분들께 저는 이렇게

01	02	03	04	05
![Apple]	amazon	■■ Microsoft	Google	SAMSUNG
+38% 322,999 $m	+60% 200,667 $m	+53% 166,001 $m	-1% 165,444 $m	+2% 62,289 $m
06	07	08	09	10
Coca-Cola	TOYOTA	Mercedes	M	Disney
-10% 56,894 $m	-8% 51,595 $m	-3% 49,268 $m	-6% 42,816 $m	-8% 40,773 $m
11	12	13	14	15
BMW	intel.	FACEBOOK	IBM	Nike
-4% 39,756 $m	-8% 36,971 $m	-12% 35,178 $m	-14% 34,885 $m	+6% 34,388 $m
16	17	18	19	20
CISCO	LOUIS VUITTON	SAP	Instagram	HONDA
-4% 34,119 $m	-2% 31,720 $m	+12% 28,011 $m	New 26,060 $m	-11% 21,694 $m
21	22	23	24	25
CHANEL	J.P.Morgan	AMERICAN EXPRESS	UPS	IKEA
-4% 21,203 $m	+6% 20,220 $m	-10% 19,458 $m	+6% 19,161 $m	+3% 18,870 $m

브랜드 파워는 회사의 가치에도 크게 기여한다. 삼성 82조, 애플 400조. (2022, 인터브랜드 발표)

대답하겠습니다. 이렇게 만든 브랜드 파워가 돈이 된다고, 회사의 실질적 매출에 크게 기여한다고 말입니다.

글로벌 브랜드 컨설팅 전문 회사 '인터브랜드(INTERBRAND)'에서는 매년 브랜드 가치를 발표하고 있는데, 삼성이 꾸준히 올라서 현재 글로벌 5위를 차지하고 있습니다. 한국 돈으로 약 82조 원. 일등은 애플인데, 약 400조 원의 가치가 있는 것으로 추정됩니다.

Brand Valuation Methods

INTERBRAND 2017			Brand Z 2017			Brand Finance 2017		
1. Apple	$184.1m	+3%	1. Google	$245.6m	–	1. Amazon	$150.8m	+42%
2. Google	$141.7M	+6%	2. Apple	$234.7m	–	2. Apple	$146.3m	+37%
3. Microsoft	$79.9m	+10%	3. Microsoft	$143.2m	–	3. Google	$120.9m	+10%
4. Coca-Cola	$69.7m	–5%	4. Amazon	$138.3m	–	4. Samsung	$92.3m	+39%
5. Amazon	$67.8m	+29%	5. Facebook	$129.8m	–	5. Facebook	$89.6m	+45%

Financial Performance (The economic profit)	Branded Earnings (Earnings attributed to the brands)	nterprise Value (All multiple branded businesses)
Role Brand Index (RBI) (Role of brand in purchase decision)	Financial Value (Predicted future earnings)	Brand Contribution (The overall uplift from the brands)
Brand Loyalty Strength (clarity, commitment, protection, responsiveness, authenticity, relevance, differentiation, consistency, presence, and understanding)	Brand Uniqueness (The Brand's ability to standout) Calculated Value (A formula for calculating the three factors above to yield a single value)	Brand Value (The value of the trademark and associate IP)

각사 홈페이지 참조

　　이 브랜드 가치 산정 방식에 대해 잠깐 말씀드리면, 결코 추상적이고 막연한 계산이 아닙니다. 대표적 브랜드 가치 산정 기관, 즉 인터브랜드, 브랜드 지(Brand Z), 브랜드 파이넌스(Brand Finance) 등에서는 실제 소비자들이 구매 결정을 할 때 해당 브랜드가 얼마나 영향을 많이 주느냐를 계산해 지표를 산출합니다. 말하자면 실제 제품이 다소 좋지 않더라도, 그 브랜드라는 이유만으로 매출이 얼마나 일어나는지 계산하는 것입니다. 요컨대 브랜드는 회사의 지속 가능성을 강력하게 지탱하는 훌륭한 자산인 것입니다.

따라서 브랜드란 그냥 소비자들이 지닌 단순한 이미지가 아니라, 치열한 판매 현장에서 제품 구매를 일으키는 힘이고, 경쟁사 대신 굳이 자사 제품을 선택하게끔 하는 원동력이고, 이러한 힘은 결국 회사를 장기적으로 지탱하는 구심점이 됩니다.

브랜드 운영, 큰 방향 설정이 중요

브랜드 운영과 관련해 대부분의 회사, 대부분의 대표들이 크게 오해하는 부분이 있는 것 같습니다. "일단 돈 버는 마케팅을 해가지고 창고가 그득해지면 그다음에 브랜딩하자." 그런데 사실 어떤 마케팅 활동을 어떻게 해나갈 것인지 결정하는 것부터가 이미 브랜딩이에요. 브랜딩은 회사와 제품을 처음 기획할 때 잡은 어떤 방향 같은 것입니다. 이런 방향성 없이 중구난방으로 일하고 나중에 브랜드를 만드는 것은 처음부터 다시 시작하는 것처럼 매우 비효율적입니다.

초반 브랜딩을 약식으로 하는 경우, 2~3주 정도면 내부 토론을 통해 충분히 방향 설정을 하고 간단한 가이드북까지 만들 수 있습니다. 비전, 미션, 브랜드 핵심 에센스만 일단 결정하면, 명함이나 CI도 쉽게 의사 결정할 수 있고요. 이런 방향을 잡고 시작하면 디테일한 의사 결정을 할 때 매번 고민하지 않고 하나의 방향으로 일사불란하게 갈 수 있고, 퍼포먼스 마케팅에 대해서도 어느 정도 자기 관점을 가지고 수위를 조절할 수 있습니다.

카테고리별 브랜드 피라미드 활용법

브랜드 피라미드의 구성 요소에 대해 이야기했는데, 이를 실질적으로 적용해보면 제품 카테고리별로 조금씩 다른 것을 알 수 있습니다. 전자 제품이나 식품 유통 쪽은 정서적·상징적 가치보다는 기능적이고 손에 와닿는 가치를 중시합니다. 그래서 이런 논리적인 제품 카테고리는 대체로 제품의 물성적 가치 중심으로 고객에게 소통하는 게 맞습니다. 반면, 자동차나 화장품·패션처럼 물성적 차이보다는 정서적이고 상징적인 가치의 차이에 소비자가 민감한 제품은 브랜드 피라미드 요소 중 페르소나 중심으로 소통하는 것이 훨씬 더 효과적인 경우가 많습니다.

제품 카테고리별 핵심 브랜딩 요소 차이

여기서는 페르소나 중심의 커뮤니케이션 사례를 소개하려 합니다. 왠지 물성적 특징의 커뮤니케이션보다는 막연하고 어려워 보이는 영역이라, 몇 가지 사례를 가지고 구체적으로 설명하면 도움이 될 것 같습니다. 결론부터 말하면, 페르소나 설정의 핵심은 '뻔하지 않아야 한다'는 것입니다. 그냥 착한 사람이면 아무런 매력이 없으니까요. 뻔하지 않으면서 지금까지 한 번도 얘기하지 않았던 퍼스낼리티를 어떻게 만들어내느냐가 관건입니다.

그리고 페르소나 마케팅의 마지막 관문은 클라이언트인 경우가 많습니다. 대행사 입장에서 볼 때 좋은 아이디어다 싶어 좀 과감한 제안을 하면 굉장히 조심스러워하죠. 사회적 통념에 어긋나지 않도록, 너무 튀지 않도록 좀 반듯한 캐릭터로 순화시키기를 원하는데, 그러다 보면 기획 시 생각했던 매력이 확 떨어지는 경우도 많이 생깁니다. 결국은 조율에 조율을 거듭해서 뭔가 합의의 산물을 도출하는데, 최종적으로는 캠페인을 클라이언트가 만든다는 게 맞는 말인 것 같습니다. 가끔 매우 대담하고 눈에 띄는 캠페인이 있으면, 대행사가 잘 만들었다는 생각도 하지만 클라이언트한테 뛰어난 안목과 소신이 있다는 생각을 더 하게 되는 이유이기도 합니다.

좋은 사례로 2017년 벤츠의 '그로우 업(Grow Up)' 캠페인을 소개하겠습니다. 핵심 포인트는 시대를 앞서가는 개념 있는 인간형을 어떻게 만들어낼 것인가입니다. 이때 단순히 크리에이터의 감에 의존하는 게 아니라, 글로벌 컨슈머 리포트 같은 것을 참조합니다. 아울러 사람들의 가치관과 감성이 어떻게 바뀌고 있는지 분명하게 분석해서 얼마나 많은 사람에게 어필할 수 있는지를 검증하고 시작합니다.

　　캠페인 결과물을 봤을 때, 브랜드의 당면 문제는 대략 추측이 가능하죠. 지금은 달라졌지만 2017년 당시만 해도 벤츠는 올드(Old)하고 BMW는 영(Young)한 이미지가 강했어요. 따라서 이런 올드한 이미지에서 탈피하고 리바이털(Revital)해보자는 큰 목적이 있었을 테고요. 제품적으로는 자동차 엔트리(Entry) 레벨 라인업인 A클래스를 20대 젊은 층까지도 구매할 수 있도록, 적어도 '이 브랜드가 헛소리는 하지 않는군' 내지는 '내 마인드를 이해는 하는군' 하는 생각을 하며 실질적인 구매 고려 대상군이 되도록 만들자는 현실적 계산이 있었을 것입니다.

　　당시엔 저도 자동차를 담당했는데, 소비자 조사를 해보면 전형적인 벤츠 이미지는 굉장히 보수적이면서 운전기사까지 두는 올드 리치 같은 느낌이고, BMW는 본인이 직접 운전하는 느낌이 들어 뭔가 액티브하고 다이내믹한 아웃도어 액티비티를 즐기는 영 라이프의 분위기를 풍겼습니다.

전형적인 벤츠 이미지 = old rich, conservative & workaholic

VS

BMW 이미지 = young rich, active life with dynamic activities

그러면 당시에 집행한 캠페인을 한번 같이 보시죠.

유튜브에 '벤츠 Grow Up 캠페인'이라고 치면 바로 나옵니다. 스마트폰으로 옆의 QR 코드를 인식하면 바로 영상을 볼 수 있어요.

자, 영상을 보면서 어떤 장면이 눈에 띄었나요?

아마도 이런 장면이 눈에 걸렸을 겁니다. 굉장히 캐주얼하고 프리한 옷을 입고 있는데 자막에서는 "신사가 되세요(Be a gentleman)"라고 얘기하고, 뭔가 야한 수영복을 입고 있는데 자막에서는 "옷을 잘 입으세요(Dress proper)"라고 얘기하는 식이죠. 또 젊은 커플이 하룻밤 풋사랑을 나누는 것 같은데 "가족을 만들어라(Make a family)" 같은 모순되는 이야기를 하기도 합니다.

이 모든 구성이 사실은 광고적 재미죠. 내레이션 자체는 굉장히 교훈적인, 옛날 사람들이 하는 이야기인데, 실제 장면은 이러한 충고에 개의치 않는 젊은 층의 모습을 보여줌으로써 광고적 재미를 추구하는 캠페인이죠. 음악과 화면 구성 또한 트렌디하고 이목을 끌어요. 그래서 내용이나 분위기 모두 타깃인 젊은 층한

(교훈적 나레이션)	(개의치 않는 youth 모습)
Life becomes all about following a few simple rules.	Life becomes all about following a few simple rules.
Be a gentle man.	(개성있는 행색)Be a gentle man.
Work hard.	(무아지경 놀기)Work hard.
Dress proper.	(수영복)Dress proper.
Get a real job.	(임시직)Get a real job.
Start a family.	(원나잇)Start a family.
Listen to advice.	(충고 무시)Listen to advice.
Time to grow up. Grow up.	(철드는 중) Time to grow up. Grow up.
Drive Benz.	(그래도 벤츠) Drive Benz.

테 공감을 살 수 있는 것 같아요. "내가 지금은 비록 이렇게 살고 있지만 어쨌든 조금씩 성장하는(Grow Up) 중이고, 이런 나도 벤츠를 탈 수 있다"는 메시지를 담고 있는 겁니다.

도식화하면 위의 도판과 같은 모습이겠죠.

그런데 이 '성장'이라는 게 사실은 당대의 화두였어요. 아이들만 성장하는 것이 아니라 성인도 성장해야 한다. 20세에 성인이 되었다고 단번에 어른이 되는 것은 아니다. 다 맞는 이야기죠. 그래서 당시 글로벌 소비자 리포트에서도 화두로 등장하는 이야기였습니다.

"인간의 수명이 길어지면서 물리적으로 성인이 된 이후의 시간이 너무 길어지고 있다. 성인이 되었다고, 나이가 들었다고 변화하지 않고 계속 옛날 생각만 해선 안 된다. 새로운 것을 받아들이고 유연한 자세로 변화하며 계속 성장해야 한다." 이런 생각들을 하나로 집약한 것이 '그로스(Growth)', 즉 "인간은 평생 성장해야 한다"는 이슈였고, 이걸 브랜드 차원에서 아마도 가장 먼저 크게 얘기했던 게 벤츠였던 것 같아요. 그래서 저도 개인적으로 벤츠에 대한 시각이 달라졌습니다.

광고하는 사람이 가장 광고에 민감하다는 속설이 있습니다. 저 역시 이 캠페인을 워낙 좋아하고 여기서 영감을 받다 보니, 이후에도 자동차를 구입할 때면 꼭 벤츠 매장에 한 번은 들러보고 싶은 생각이 들더라고요.

지그재그의 윤여정 캠페인 사례

한국에서도 비슷한 시기에 이런 논의가 한창 많이 등장했습니다.

저도 개인적으로 참 인상적으로 봤는데, 〈꽃보다 누나〉에서 윤여정 배우가 "육십이 돼도 인생을 모른다. 67년 산 나도 처음 살아보는 거다"라는 얘기를 해서 뜨거운 공감을 얻었죠.

말 그대로, 훌륭한 인격을 갖춘 사람은 '완성형'이 아니고 '성장형'이어야 한다는 이야기였죠. 저는 이 화두를 광고에 가장 잘 활용한 브랜드가 '지그재그'라고 생각을 하는데, 아마 기억나는 독자들도 많을 겁니다.

광고적 재미는 사실 윤여정 모델과 대사의 절묘한 조합에 있어요. "뭐 옷 입는데 남의 눈치 볼 거 있니? 니네들 맘대로 사세요." '옷을 사라'와 '네 인생을 살아라'라는 의미를 중첩한 것이죠. 그리고 "왔다 갔다 사는 거지 라이프 이즈 지그재그"라고 말

""육십이 돼도 인생을 몰라요.
내가 처음 살아보는 거잖아. **나 67살이 처음이야.**
내가 알았으면 이렇게 안 하지.
처음 살아보는 거기 때문에 아쉬울 수밖에 없고 아플 수밖에 없고,
계획을 할 수가 없어. 그냥 사는 거야.
그나마 하는 거는 하나씩 내려놓는 것, 포기하는 것.
나이 들면서 붙잡지 않는 것.

2014년 〈꽃보다 누나〉 중 윤여정

광고적 재미 = 대사

옷 입는데 남의 눈치 볼 거 뭐 있니?

그러니까 너네들 맘대로 사세요
(옷을 사라/인생을 살아라)

왔다갔다 사는 거지
(옷을 산다/인생을 산다)

Life is zigzag
(shopping is zigzag)

하면서 사실상 담고 있는 내용은 "쇼핑 이즈 지그재그"인 거고요. 윤여정 모델의 퍼스낼리티와 브랜드의 이름, 브랜드의 철학 등이 굉장히 절묘하게 잘 붙어서 광고적으로 엄청난 임팩트를 준다는 생각을 했습니다. 패션 플랫폼에 옷이 많은 거야 당연한 것이고, 그런 이야기를 하면 귀에도 안 들어왔겠죠. 그런데 이런 재미있고 의미 있는 이야기를 하니, 호감이 생기면서 한 번이라도 들어가 보게 되는 것 아닐까요? 물론 재방문을 유도하는 것은 실제 플랫폼의 문제이고, 또 브랜드 가치를 이후에도 어떻게 잘 관철시켜나 갈지는 브랜드의 몫으로 남겠지만요.

그냥 예쁜 모델 말고, 새로운 인간형 창출

두 번째는 2016년 아모레퍼시픽 헤라에서 집행한 서울리스타 캠페인입니다.

화장품 광고의 국룰은 무조건 여자 모델이 예쁜 거죠. "어떻게 하면 모델을 더 환상적으로 예뻐 보이게 할까?" 이런 경쟁을 하는 게 일반적인데, 당시 업계의 리더 아모레퍼시픽에서 대표 브랜드 헤라를 가지고 그냥 전형적인 예쁨 말고, 뭔가 다른 새로운 인간상을 만들어보기로 했습니다. 특히 아모레퍼시픽의 캠페인은 한국인뿐만 아니라 글로벌 소비자에게도 어필해야 했기 때문에, 현시대의 뉴요커·파리지앵과 견줄 수 있는 요즘 한국 여자들의 아름다움이 어떤 것인지 고민했던 것이 이 프로젝트의 출발점이었을 거라고 짐작합니다.

다시 한번 얘기하지만, 제가 보기에 모든 페르소나 프로젝트의 핵심 포인트는 '멋짐'의 발견인 것 같습니다. 특히 여성 페르소나의 경우, 그냥 흔한 예쁨이 아니라 '다른 여자들이 보기에 멋져 보이는 여자'를 만드는 게 가장 중요합니다. 쉽지는 않지만, 늘 새로운 답을 찾아 나서는 것이 마케터의 임무니까요.

현대 여성의 딜레마 표현

발상의 시작은 현대 여성의 딜레마입니다. 전통적인 성 역할과 여자다움도 분명히 지켜야 하고, 반면에 진보적이고 열정적이고 도전하는 모습 역시 현대 여성의 모습이죠. 그래서 한 사람이 두 가지 역할을 다 해야 하는 것이 무엇보다 한국적인 상황에서 여성들이 갖고 있는 딜레마인 듯싶습니다.

그 양면성은 사실 아주 분명합니다.

한쪽에는 딸·누나·언니·아내·엄마라는 이름으로 가족 구성원을 따뜻하게 품어주고 보살피는 부드러운 지혜를 가진 전통적인 여성상이 있고, 다른 한쪽에는 거친 사회에서 누구에게도 밀리지 않는 열정과 근성을 갖고 독립적으로 주어진 일을 완벽하게 해내는 여성상이 있는 거지요.

이중 하나만 선택하는 것은 오히려 쉬운 일입니다. 하지만 우리는 사회적 맥락 속에 존재하고, 대부분 이 두 가지 요소를 적절히 버무려가면서 살아야 하는 상황에 처해 있습니다. 그 현실적인 어려움을 여자라면 대체로 다 인식하고 있기에 두 가지 모두를 균형감 있게 갖춘 여성을 보면 속으로 '와, 멋진 여자다'라고 생각할 수밖에 없습니다.

하지만 실제 광고에서는 이런 구구절절한 이야기가 아니라, 매우 절제된 형태로 아무도 모르는 각자 마음속의 긴장감을 '과감함과 절제 사이의 줄타기' 같은 정도로 표현합니다. 그래서 진짜 기획 의도 자체를 모르고 볼 수도 있지만, 그 밑에 깔린 고민은 훨씬 더 깊다고 말할 수 있습니다.

아모레퍼시픽 헤라의 서울리스타 캠페인 이미지 출처 : 헤라(HERA) 유튜브

당신은 왜 아름다움을 먼 곳에서만 찾고 있을까
날 선 긴장감 사이 스치듯 보이는 여유 속에
과감함과 절제를 오가는 노련함 위에
진정 눈부신 순간들은 우리의 도시에 살고 있었지

이제, 분명해졌을 거야

이 도시가 빛나는 이유는 바로 당신이라는 것

당신이 없다면 이 도시는 완전히 아름다울 수 없으니까

HERA loves SEOULISTA

사례 3 2011 캐딜락 페르소나 셋업 작업

두 가지 퍼스낼리티 맵

마지막으로, 이 페르소나 작업을 실제로 어떻게 접근하는지 알아
보겠습니다. 2011년 쉐보레 캐딜락 브랜드를 위해 작업했던 사례
입니다. (최근 것은 브랜드 보안상 공유하기 어려워 아쉽습니다.)

간단하게 얘기하면, '퍼스낼리티 맵'이라는 걸 기억을 하고,
그 위에 제대로 브랜드 '좌표'를 찍은 후, 이 포지션에 '피와 살'을
붙여 자기 것으로 만들면 됩니다.

업계에서 일반적으로 쓰는 퍼스낼리티 맵은 두 가지가 있습
니다. 하나는 브랜드 아키타입 휠(Archetypes Wheel)이라고 해서,
인간의 성격을 12개로 나누는 분류법입니다. 조금 간단한 다른
버전으로는 브랜드 퍼스낼리티 축(Personality Dimension)이 있는
데, 이는 인간의 성격을 5개의 축으로 나눕니다.

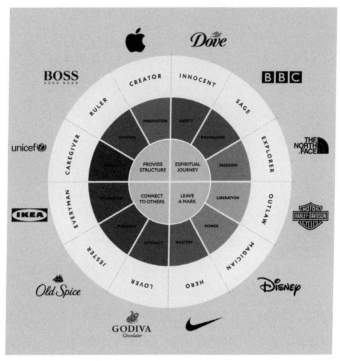

브랜드 아키타입 휠과 대표적 브랜드

조금 더 자세히 살펴볼까요?

브랜드 아키타입 휠 모델

일반적으로 스위스 심리학자 카를 융(Carl Jung)의 오리지널 버전
을 현재의 버전으로 변형시켜 사용합니다. 구체적으로 말하면 창
조자(Creator), 현자(Sage), 인자한 사람(Caregiver), 순수(Innocent),

어릿광대(Jester), 마술사(Magician), 지배자(Ruler), 영웅(Hero), 일반인(Everyman), 무법자(Rebel), 탐험가(Explorer), 사랑꾼(Lover)의 12개 유형입니다. 특히 미국에서 생긴 글로벌 브랜드는 이 분류표에 놓고 보면 조금 더 명쾌하게 브랜드의 개성이 보일 때가 많습니다. 하지만 우리나라 사람들 정서에는 맞지 않는 극단적 캐릭터가 많아서 실제 업무에 활용하기는 대체로 어렵습니다.

브랜드 퍼스낼리티 축 모델

저는 개인적으로 미국 경영학자 제니퍼 아커(Jennifer Aaker)가 만들어낸 5개의 브랜드 퍼스낼리티 축 모델을 더 선호합니다. 여기서 5개의 축은 유능함(Competence), 진실성(Sincerity), 즐거움(Excitement), 세련됨(Sophistication), 강인함(Ruggedness)입니다. 극단적 캐릭터가 아니고, 차별점이 확실히 보이고, 이해하기 쉬운 장점이 분명한 모델입니다. 또한 축으로 잡혀 있어서 꼭 하나만 선택하는 게 아니라 2~3개를 골라 좌표로 찍을 수 있다는 점도 자율성이 높아서 좋고요. 현실적 이유로는 실제 클라이언트와 함께 작업할 때도 그들 입장에서 훨씬 더 이해하기 쉽고, 따라서 소통하기 더 쉽다는 점도 중요하겠지요.

캐딜락 포지션 과정

브랜드 퍼스낼리티 축 모델에 캐딜락 브랜드를 위치시켜보면, 5개 축 중 '유능함'과 남성적 '야성미(Ruggedness)'를 갖추었다고 할 수 있습니다. BMW나 벤츠 같으면 당연히 다르겠죠. 그런데 캐딜락

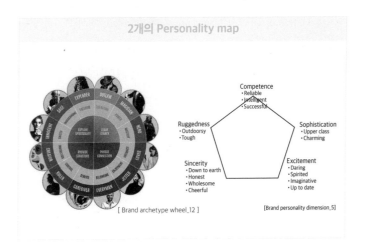

[Brand archetype wheel_12]

[Brand personality dimension_5]

은 남성다움이 중요한 브랜드 이미지 자산이기 때문에, '유능함' 보다 오히려 남성적 야성미 쪽에 더 방점이 찍힙니다. 이런 식으로 브랜드마다 각자의 퍼스낼리티 좌표를 찍을 수 있죠.

　기존 브랜드의 경우, 좌표를 찍는 것까지는 별반 어려운 작업이 아닌 것 같습니다. 클라이언트에서 내부적으로 합의가 되어 있고, 지금까지 그렇게 해왔다면 별다른 이견 없이 작업할 수 있지요. 문제는 다른 방향으로 수정하려는 경우와 아예 처음 시작하는 경우입니다. 이때는 최고 경영진의 철학과 실제 제품이 속한 산업군의 특징, 경쟁 상황 등을 고려해 합리적인 방향으로 합의하는 과정이 필요합니다.

　그런 다음에는 실제로 살을 붙이는 작업을 합니다. 이 좌표가 요즘 소비자에게 무엇을 의미하는지에 대한 고민이겠죠. 프

104

Brand Personality

Sincerity	Disney	Hallmark	amazon	Cadbury
Excitement	TESLA	Red Bull	Coca-Cola	Nike
Competence	VOLVO	Google	intel	Microsoft
Sophistication	TIFFANY & CO.	ROLEX	GUCCI	Apple
Ruggedness	HARLEY-DAVIDSON	Timberland	Jeep	Marlboro

브랜드 퍼스낼리티 축별 대표적 브랜드

로젝트 진행 당시 누구나 알 만한 인물로 이 캐딜락을 구현할 경우 적당한 인물로 우리가 생각했던 사람은 배우 맷 데이먼(Matt Damon)과 정우성이었습니다. 맷 데이먼은 잘 알다시피 몸 좋고 액션 연기도 잘하는데, 게다가 좋은 대학을 다녔다는 지적인 이미지까지 있죠. 우리는 '캐딜락'에 어울리는 덩치 크고 힘 좋은 건 기본이고, 동시에 세련되고 능력까지 있다는 점에서 맷 데이먼이 적절한 대안이라고 생각했습니다. 그리고 이런 인물상이 당시 사람들에게 열망성(Aspiration) 있게 가닿을 수 있는지가 중요했는데, 한국에서도 분명히 그런 취향을 가진 소비자 그룹이 존재한다는 걸 정성적·정량적으로 확인한 후 자신 있게 그를 추천할 수 있었습니다.

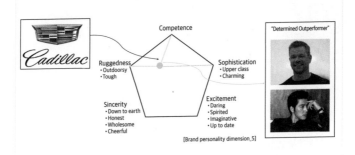

[Brand personality dimension_5]

마지막으로, 구체화된 인물상을 가지고 디테일한 콘텐츠를 기획합니다. 이때는 앞에서 이미 합의를 본 사항이 있기 때문에 비교적 같은 방향으로 효율적으로 작업할 수 있지요. 물론 그걸 해석하는 과정에서 방향과 깊이는 다소 다를 수 있지만, 오히려 콘텐츠를 더 풍부하게 만드는 단계라고 보면 될 것 같습니다.

지금까지 간단한 사례를 들어 설명해봤는데, 별로 어렵지 않지요? 네, 그렇습니다.

브랜드 페르소나는 퍼스낼리티 맵에서 시작하고, 그다음에 디테일한 스토리를 자기 브랜드에 맞게, 그리고 소비자한테 어필할 수 있게 만들어나가면 생각보다 간단하게, 재미있게 작업할 수 있습니다.

마지막으로, 마케팅의 묘미라는 게 사실은 이 페르소나 작업을 할 때 잘 드러난다는 걸 언급하고 싶습니다. 아무리 뒤에서 수치와 로직으로 차갑게 분석해도, 결국 사람들이 기억하는 것은 그냥 그 브랜드에 대한 연상 몇 가지거든요. 분위기와 느낌으로 기억할 수도 있지만, 특정 인물이 떠오르면 가장 쉽게 머릿속에 자리 잡겠죠. 결국 의인화 작업인 셈이고, 거기에는 상상력과 감성적인 요소가 충분히 들어가야 하기 때문에 고객과의 감성적인 영혼의 소통이 가능한 지점이 아닌가 생각합니다.

사회경제적
거시 지표

04

모든 정보와 모든 브랜드가 국경을 넘어 글로벌화한 세상에서 전 세계 사람들의 생활이 표준화되고 있다. 세계 어디를 가든 다운타운에 있는 브랜드의 절반 정도는 비슷하다. 스타벅스와 맥도널드, ABC 마트, 동남아에서는 공차 카페. 또한 우리나라에서 고민하고 경험했던 모든 마케팅 인사이트가 다른 대부분의 나라에서도 활용 가능한 시대다.
  이제는 고민의 깊이와 생각의 퀼리티가 중요하지, 국경은 중요하지 않다.

일하면서 만난 사람 중 가장 부러웠던 이

제가 일하면서 만난 사람 중 가장 부러웠던 이는 바로 크리스 라일리(Chris Riley)라는 분이었습니다. 와이든앤케네디(Wieden+Kennedy)라는 세계적으로 유명한 광고 마케팅 대행사에서 나이키, 마이크로소프트, 유니클로 등 글로벌 브랜드를 담당하다가 애플로 옮겨 아이폰과 아이패드 론칭 캠페인을 주도한 인물입니다. 지금은 본인의 회사(Riley Studio)를 열고, 국경을 넘나들며 활발하게 일하고 있죠.

애플에서 일한 경력을 바탕으로 전 세계를 누비며 고수익을 올리는 플래너, 크리스 라일리(Chris Riley), Studio Riley 대표. 출처: 스튜디오 라일리 홈페이지

애플에서 일한 경력을 바탕으로 전 세계를 누비며 ICT와 관련된 많은 브랜드에 컨설팅을 해주면서 알차게 돈을 벌고 있는 분이죠. 온화한 미소를 띤 할아버지 같은 느낌인데, 일할 땐 나름 날카롭고 명료한 성격입니다. 가끔 스티브 잡스와의 일화를 인용하면서 아주 뿌듯하게 얘기하곤 하는데, 속으로 아주 부러웠죠.

2012년을 전후해 한창 글로벌로 뻗어나가던 한 클라이언트사가 글로벌 소비자를 제대로 아는 플래너와 일했으면 좋겠다고 해서 수소문 끝에 회사의 어드바이저로 모시고 와 업무를 진행했습니다. 저는 중간에서 우리 일과 그분의 접점을 만들어 생산적인 결과물을 내야 하는, 나름 힘든 역할을 맡았습니다. 그분은 실제로 1년에 네 번 정도만 한국을 방문했고, 한 번 방문하면 대략 4~5일 정도 체류하면서 내부 회의와 클라이언트 회의를 진행했습니다. 클라이언트 회의 때도 소심하게 눈치 보면서 자기 의견을 제대로 피력하지 못하는 한국 플래너들과 달리, 그냥 자기 생각하는 대로 꽤나 소신 있게 '지르는' 스타일이었습니다. 그런데도 나중에 알고 보니 당시 제 연봉과 비슷한 액수의 보수를 받았더라고요.

당시 그분은 글로벌 IT 마켓과 소비자에 대해 잘 아는 현자 같은 선생님이었고, 저는 대략 10년 정도 글로벌 일을 했지만 한국 출신이라는 핸디캡에 무엇보다 글로벌 소비자, 그중에서도 가장 중요한 미국 소비자에 대해 속속들이 알지는 못하는 '반쪽' 플래너였죠. 그때 다른 플래너들이 저에게 질투 섞인 뉘앙스로 "그 양반 진짜로 일 잘해? 도움이 돼?" 하면서 궁금해했던 것이 떠오릅니다.

그 당시, 플래너들 사이 농담

제가 몸담았던 회사의 플래너들 사이에 유행하는 농담이 있었습니다. "나도 동남아에 가서 크리스 라일리처럼 살고 싶다. 미국인이고 애플 일을 했다는 이유로, 1년에 겨우 네 번 방문하면서 돈도 많이 벌고 당당하게 큰소리치며 소신 있게 일하지 않나. 그런데 우리는 미국인도 아니고 애플에서 일도 안 했기 때문에 이번 생에는 글렀어." 이렇게 자조 섞인 이야기를 하곤 했지요.

그런데 그때로부터 10여 년이 지난 지금은 '요즘 젊은 마케터라면 우리와는 다르지 않을까?'라는 생각이 듭니다. 왜? 한국인이고, 한국에서의 마케팅 경험이 있고, 삼성이나 현대·LG 같은 글로벌 기업에서 일한 경력도 있으니까요. 잘하면 동남아에 가서

한국의 경제성장과 높아진 소비자 취향으로
마케터 경험치 상승

가장 간단한 지표로, 1990년 이후의 일인당 GDP 추이를 보죠. '넘사벽'인 미국은 제외하고 아시아 국가들만 비교하면, 한국과 대만이 30년 동안 처음엔 일본의 30% 수준이었다가 지금은 90% 수준까지 성장했습니다.

일차 지표로는 경제적·물질적 성장이지만, 그러는 동안 우리 소비자들의 취향도 굉장히 높아졌고, 그들의 안목에 따라 마케팅과 브랜드의 수준 역시 많이 올라갔습니다. K 콘텐츠가 경쟁력이 있는 것도 문화적 수준이 뒷받침을 해줘서 그런 것처럼요.

마케팅 관점에서 보면, 전반적인 안목과 취향이 올라간 소비자에게 어필하기 위해 마케팅 콘텐츠나 스킬도 따라서 고도화하고, 글로벌 경쟁력이 생겼다는 얘깁니다. 당연히 그 가열 찬 현장에서 일하고 있는 우리 마케터들도 은연중에 많은 경험을 쌓았을 테고요.

게다가 요즘은 국내에서 잘되면 동남아 진출까지는 일단 다 고려해보는 브랜드가 많이 늘었습니다. 카카오모빌리티도 동남아로 나가고, 안다르도 싱가포르 매장을 오픈했는데, 많은 사람이 몰렸다는 반가운 소식이 들립니다. 헬스케어의 강자 메디톡스도

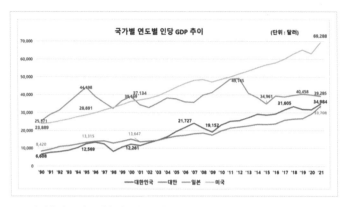

국가별 연도별 인당 GDP 추이

1990년 이후 미국, 일본, 대만, 한국의 일인당 GDP 추이

우리 소비자들의 취향과 안목이 높아지면서, 국내 브랜드의 성공적인 동남아 진출이 늘고있다.

본격적으로 해외로 진출하고 있고요. 단순히 국내에서뿐만 아니라 글로벌에서도 먹힐 수 있는 브랜드의 마케터가 될 수 있다는 게 우리한테 굉장히 큰 희망을 주는 것 같습니다.

초기 글로벌 프로젝트 진행

음, 원조 논쟁은 아니지만 제가 사실은 초창기 글로벌 마케터였습니다. 2000년대 초반부터 시작해서 최근까지도 현장 업무를 했으니까요. 그렇다면 당시 제가 진행했던 일천한 경험도 어쩌면 도움이 될 수 있지 않을까, 하는 마음으로 아래 내용을 정리해봤습니다.

팩트만 추려서 얘기하면, 2005년부터 당시 글로벌로 본격 진출하던 전자제품, 식품, 패션 회사들의 의뢰를 받아 해외 국가 마케팅 전략 수립 프로젝트를 진행했습니다. 원격으로 한국에서 진행한 것을 제외하고, 직접 출장을 가서 현장에서 업무를 처리한 사례만 20~30여 건 정도 됩니다.

당시엔 우리보다 소비 수준이 높은 나라, 예를 들면 미국이나 영국·독일 같은 지역의 업무는 저희가 진행하기에 버거울 거라고 판단했습니다. 그곳의 소비자나 현지 마케팅 수준을 우리가 따라잡지 못할 가능성이 높으니까요. 그래서 실제 업무는 그런 국가들을 제외한 곳에서 이루어졌습니다. 예를 들어 유럽에서는 스페인, 폴란드, 터키, 러시아, 우크라이나 등지에서 일했고, 브라

거시경제 지표와 현지 소비자 리포트 일독

↓

현지담당자 인터뷰 / 매장 방문

↓

가설 파악 위한 소비자 정성(Qualitative)조사 진행

↓

확인 위한 소비자 정량(Quantitative) 조사 진행 후
기획서 작성/보고

2~3개월 소요 / 출장
1~2회

질 등 중남미나 중국·대만 등 아시아 지역으로 실제 출장을 오가며 업무를 진행했습니다.

구체적인 진행 일정은 이랬습니다. 일단, 한국에서 해당 국가의 거시 경제지표 및 현지 소비자 리포트 등을 2차 자료를 통해 숙지하고, 어느 정도 머릿속에 큰 그림을 그립니다. 그리고 날짜를 조율해 현지를 방문하죠. 현지에서 영업이나 마케팅 담당자와 인터뷰를 하고, 매장도 직접 찾아가 제품 라인업과 전시 상태 등을 파악하고 현지 영업사원과의 인터뷰도 진행합니다.

그런 다음 나름의 가설을 세우고 좌담회 같은 소비자 정성 조사를 진행해 진솔하고 깊이 있는 이야기를 들어봅니다. 이를 바탕으로 가설을 좀 더 구체화해서 검증을 위한 정량 조사를 기획합니다. 이때는 현지 조사 회사를 활용해 원격으로 설문을 진행합니다. 그리고 모든 자료와 검증된 가설을 가지고 최종 기획서

를 작성하죠. 그런 다음 다시 현지로 가서 그 지역 최종 의사 결정자에게 보고하고, 최종 컨펌이 나면 현지에서 마케팅을 진행하는 수순이었습니다. 만약 서울 본사의 컨펌이 필요하면 여기서 몇 번 더 보고를 진행하기도 하고요. 아무래도 몇 달간 그 지역에 대해 고민하고, 실제 현장 소비자의 이야기도 많이 들은 상태이기 때문에 저희도 자신 있게 의견을 피력할 수 있었습니다.

정리하고 보니, 꽤 많은 단계가 있었네요. 하지만 대부분 생략할 수 없는 수순이라 물리적으로 대략 3개월 정도는 걸렸습니다. 출장 역시 최소 두 번은 가야 하고, 경우에 따라서는 세 번 갈 때도 있었습니다. 당시엔 아이들이 어려서 여러모로 어려운 시기였는데, '그래, 이때라도 육아에서 해방되자'라는 긍정적인 마인드로 세계 곳곳의 공항과 도시를 기쁘게 누볐던 기억이 나네요.

가장 중요한 것은 첫 대면

해외 업무에서 가장 중요한 건 첫 대면이었던 것 같습니다. 거시적인 경제지표를 살피려면 현재의 일인당 GDP 수준과 성장 추세 같은 것도 중요하거든요. 그다음으로는 그 나라의 중산층 규모가 우리 마케팅 쪽에서는 굉장히 중요한 포인트였습니다.

글로벌 소비자 리포트 중에는 해당 국가의 소비자를 소비 수준과 성향으로 나눈 세그멘테이션 자료가 있습니다. 무료도 있고 유료인 경우도 있지만, 워낙 필요한 자료이니 적절한 투자는 해야

가장 중요한 것은 첫 대면 -

① 거시적 경제 지표=인당 GDP 수준과 중산층 크기+α

현재 인당 GDP 수준 + 성장 추세

Middle Class Size in BRICS Economies (2000-2018)

Economy	Share of Total Population in 2018 (%)
China	50.8
Russia	71.5
Brazil	51.4
South Africa	22.5
India	5.7

Source: World Bank (PovcalNet)

자료 출처: 월드 뱅크

했지요. 그리고 해당 국가의 중산층이 즐겨 찾는 마트·백화점 같은 쇼핑 장소에 가서 보면 제품 종류가 얼마나 다양한지, 현재 어떤 브랜드나 식음료가 유행하고 있는지 등을 알 수 있었죠. 개인적으로는 그 나라의 화장품 패키지를 보면, 소비자의 취향 수준이나 브랜드의 섬세한 경쟁력 등을 어느 정도 짐작할 수 있었습니다.

이렇게 초반에 좋은 자료를 만나면 너무나 감사하죠. 예를 들면, 중국에 진출한 모 아웃도어 패션 브랜드 전략을 위해 소비자 분석을 했는데, 중국 소비자 아웃도어 활동 선호도라는 게 있고 GDP가 어느 정도 됐을 때 어떤 스포츠 활동이 인기 좋다는 등의 지표가 있더라고요. 이 부분을 저희가 아주 유용하게 참조했던 기억이 있습니다.

가장 중요한 것은 첫 대면 -
② 글로벌 컨슈머 리포트 중 해당 국가 소비자 성향 분석/세그
　멘테이션 자료
③ 중산층이 가는 마트, 백화점 등 쇼핑 장소 탐방

제품 종류 다양화 및 브랜드 취향 등으로
대략의 생활 수준 짐작 가능

GFK roper global/local annual report & data

중국, 베이징 산리툰 매장

우리보다 소비문화 발전이 더딘 곳은
우리 마케터에게 유리

저는 운 좋게도 2000년대 초반 영국, 2020년대 중반 중국 주재
경험을 했습니다. 처음 영국에서 전략 담당 주재원으로 근무할
때는 같은 사무실의 영국인들이 '동양에서 온 마케터가 뭘 알겠
어'라는 눈으로 보는 게 너무 읽혀지더라고요. 제가 나름 열심히
분석하고 제안했지만, 영국 마케터들은 한 번 더 확인해보자는
반응이 많았죠. 그렇게 한 1년이 지나니 기획 업무보다 실행 업무
를 하는 게 어떻겠냐고 제안하더라고요. 그때 선진국에서 기획
업무를 하는 게 굉장히 어렵다는 걸 체감했습니다.

반면, 중국에서 5년간 전략 담당 주재원으로 근무할 때는 좀
달랐습니다. 나의 분석과 통찰 그리고 한국에서의 마케팅 경험을

함께 일하는 동료들이 잘 받아들이고, 클라이언트에게도 역시 잘 어필되었습니다. 그래서 복잡한 정치적 이슈만 없다면 중국에서 장기적으로 자리 잡고 일해도 괜찮겠다는 생각을 솔직히 해봤습니다.

결론적으로, 우리보다 소비 선진국으로 가서 고객 관련 통찰을 얻고 새로운 기획안을 내기는 힘들 수 있지만, 우리보다 소비문화 발전이 더딘 곳에서는 수월하게 업무를 진행할 수 있다는 얘기입니다. 왜냐하면 소비문화와 물질문화도 어차피 조금씩 진화하는 것이라, 우리도 이미 그 단계를 경험했기 때문입니다. 이를 바탕으로 진행한 사례를 몇 가지 소개합니다.

첫 번째 사례는 앞에서 잠깐 언급한 중국 아웃도어 스포츠 브랜드 프로젝트입니다.

2010년대 초반에 처음 독자 진출로 론칭했다가 실패하고 물러난 다음, 5년 만에 중국 내 패션 브랜드와 합작 형태로 리론칭을 시도하던 상황이었습니다. 첫 론칭 때 중국 소비자에 대해 깊이 이해했다기보다 '우리 정도면 잘 될 거야'라는 근거 없는 자신감으로 밀어붙였다가 실패를 맛봤던 브랜드였죠. 그래서 두 번째는 소비자를 제대로 이해하고 마케팅해보자는 취지로 저희와 함께 작업을 하게 되었습니다.

직접 조사를 못 하는 경우-정량 데이터와 트렌드 분석의 조화

당시 프로젝트의 한계는 엄청나게 짧은 시간 안에 2차 자료만 가지고 업무를 진행해야 한다는 점이었습니다. 그렇다 보니 기존 시장 자료와 담당자와의 대화에서 얻은 감(感)을 통해 모든 일을 해결해야 했지요. 다행히 몇 개의 정량적 수치와 함께 이를 뒷받침하는 정성적 사례 분석을 통해 신뢰감 있는 방향성을 설정할 수 있었습니다. 그 과정에서 프로젝트팀 내에서의 격의 없는 소통이 중요하다는 걸 느꼈고요. 한국에서의 경험치와 중국인들의 직감이 만나 조금 더 좋은 워딩과 아이디어가 산출되는 경험을 했습니다.

2차 자료 분석과 정량적 데이터 분석을 통해 저희는 당시 중국의 빅 트렌드를 세 가지로 정리했습니다.

첫 번째는 "등산이 이미 대중 스포츠가 되었다"는 것입니다. 누구나 대략 짐작은 했지만, 실제로 얼마나 많은 사람이 얼마나 자주 등산을 즐기는지 직접적인 데이터는 없는 상황이었죠. 이걸 어떻게 파악할지 고심하던 차에 저희 앞에 꽤 그럴듯한 자료가 나타났습니다. 중국 내 모 증권사에서 나온 자료인데, 일인당 평균 소득별로 유행하는 아웃도어 스포츠를 분류한 보고서였습니다.

중국의 일인당 평균 소득이 5000달러가 되면 등산·낚시 등이 유행하고, 8000달러가 되면 자전거·스키가 유행하며, 1만 달러 이상이 되면 다이빙·서핑·래프팅 등이 유행한다는 예측을 담고 있었습니다. 그런데 저희가 프로젝트를 진행할 당시 중국의 평균소득이 딱 5000달러였어요. 물론 베이징, 상하이, 광저우처럼 소득이 높은 지역도 있지만 대체로 중국 현실에 맞는 분류라고 판단했습니다. 우리 클라이언트 입장에서는 일부 소비자뿐 아니라, 일반 대중을 타깃으로한 시장 가능성을 확인한 셈이지요.

두 번째는 "등산복에서 멋과 스타일에 대한 감수성이 생겨난다"는 점이었습니다. 등산하는 사람들을 보면, 남성뿐만 아니라 여성도 이미 많이 참가하고, 연령적으로도 나이 든 사람뿐 아니라 2030 젊은 층에서도 그 비율이 꽤 높게 나왔습니다. 요컨대 디자인과 스타일을 중요시할 타이밍이 도래한 것이죠. 그래서 이제는 한국에서 온 패션 등산복이 어필할 수 있는 상황이라고 판단할 수 있었습니다.

마지막은 "편하게 여러 용도로 등산복을 입는 경향"이었습니

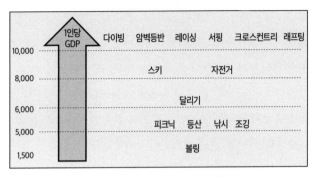

(2016, 야외운동황금시대 분석, 평안증권)

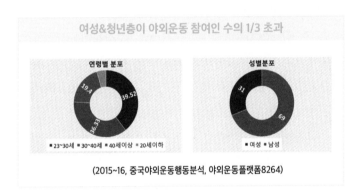

(2015~16, 중국야외운동행동분석, 야외운동플랫폼8264)

다. 우리나라에서처럼 등산복을 다양한 아웃도어 상황에서 휘뚜루마뚜루 입는 경향이 중국에서도 있더라고요. 실제 중국 사람들이 등산뿐 아니라, 주말 가벼운 피크닉이나 콘서트·전시회를 갈 때도 등산복을 입는다는 정량적 수치를 찾아내고 너무나 기뻤습

야외활동복 활용 정도

2015, 20~49세 인터넷 사용자 대상 조사, 〈여가생활〉

니다. 이 자료는 진지하고 장엄한 등산 브랜드 대신 일상에서 입을 수 있는 캐주얼하고 편안한 등산 브랜드로 포지셔닝했을 때 큰 시장을 가져갈 수 있다는 판단을 할 때 아주 유용했습니다.

트렌드에서 추출한 키워드, '탈출'과 '유쾌함'

그 외에 수치로 검증하지는 못했지만, 당시 최신 사례들을 바탕으로 확인한 몇 가지 트렌드도 참조했습니다. 예를 들면, '신세상'이라는 중국 회사에서 개최한 '베이징, 상하이, 광저우 대도시 탈출 캠페인' 이벤트 사례 같은 것이죠. 이 캠페인에서는 평일 아침 배너 광고에 유명 여행지 왕복 비행기 표를 주면서, "오후에 당장 출발 가능한 사람을 모은다"고 했는데요, 30분 만에 클릭 수 10만 건을 돌파하고, 3시간 만에 1만 7000명이 신청했다고 합니다. 그

출처: 시나 웨이보

중 100명을 뽑아 실제로 티켓을 보내줬고요. 이건 한국 사람들도 누구나 공감할 수 있는 이야기잖아요. 저희는 이 사례에서 착안해 '탈출(Escape)'이라는 브랜딩 키워드를 설정했습니다.

또한 보통 사람들에게 등산은 에베레스트 정복도 아니고, 그냥 그 과정을 같이 즐기는 것이라는 점, 무슨 대회에 나가려고 체력을 단련하는 게 아니라 일상의 가벼운 루틴으로 활용한다는 점, 여유 시간을 유쾌하게 보내기 위해 비교적 다양한 장소를 자유롭게 다닌다는 점도 확인했습니다.

캐주얼하고 멋진 등산복 브랜딩 제안

결론적으로 저희가 브랜드 축을 구성했는데, 한 축은 등산을 챌린지로 여기느냐 아니면 즐기면서 하느냐이고, 다른 한 축은 등산을 좀 강도 높게 하느냐 아니면 정적으로 즐기느냐를 가지고 네 가지 영역으로 나눴습니다. 당시 시장에서 가장 강력했던 노스페이스나 콜롬비아 같은 경우는 다소 진지하고 정통적인 등산복 브랜드로 중국에서 캠페인을 진행하고 있었죠. 반면 우리 클라이언트의 브랜드 같은 경우는 새롭게 시장에 들어오는 젊은 층과 여

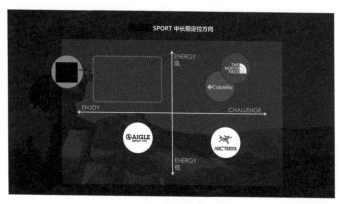

새롭게 유입되는 등산 인구를 타깃으로 캐주얼한 포지션 제안

성을 타깃으로 삼고, 에너지는 높이되 좀 더 즐기면서 등산하자는 식으로 캐주얼하게 어필해 시장을 더 대중적으로 차지해보기로 방향을 정리했습니다. 그리고 이에 따라 경쾌한 도시형 등산복 캠페인을 제안했죠.

그런데 앞서 언급한 등산복 상황을 가만히 살펴보면, 우리나라에서도 과거 어느 한 시점에 겪었던 얘기란 걸 눈치 챌 수 있겠죠? 해외 마케팅에서는 비슷한 환경에서의 사례와 경험을 우리가 이미 갖고 있다는 게 굉장히 중요한 역할을 합니다. 마케터로서는 굉장한 자산이 될 수 있다는 뜻이죠.

가전제품에서 중요한 것은 선망성

두 번째는 중국에 진출한 한 가전 브랜드 사례입니다. 배경은 이렇습니다. 가전제품을 살 때는 워낙 오래 쓰는 제품이고 집 안의 얼굴이기 때문에 브랜드를 많이 따지는 경향이 있죠. 그래서 아무래도 돈을 조금 더 주고라도 프리미엄 브랜드를 사려는 소비자가 꽤 많습니다.

특히 중국의 중산층이 그런 '체면'에 민감해서 프리미엄 브랜드에 대한 관심이 높은 편이었습니다. 그런데 '주방 가전'이라고 하면 유럽의 보쉬(Bosch)나 밀레(Miele) 같은 전통 있는 브랜드가 선망성을 바탕으로 자리를 잡고 있었죠. 게다가 중국 소비자는 한국이 기술력 있고 제품은 잘 만들지만, 전통이나 브랜드·문화 같은 부분에 대해서는 인정할 수 없다는 분위기였거든요. 그래서 어떻게 하면 선망성 있는 브랜드 이미지를 만들어낼까 하는 것이 주요 과제였습니다.

그때 저희가 내린 결론은, 브랜드 선망성을 만들기 위해서는 그 브랜드가 생각 및 내포하고 있는 라이프 스타일이 관건이라는 것이었습니다. 이러한 결론을 내리는 데에는 일단 우리 타깃이 원하는 게 무엇인지 제대로 밝혀내는 것이 가장 중요했죠.

중국 중산층 연구

중국은 중산층이 굉장히 많은 나라입니다. 중산층의 기준이 모든

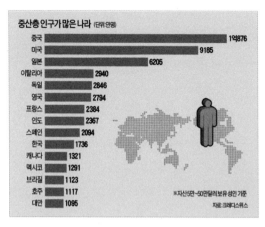

중산층 인구가 많은 나라 (단위:만명)

중국	1억876
미국	9185
일본	6205
이탈리아	2940
독일	2846
영국	2794
프랑스	2384
인도	2367
스페인	2094
한국	1736
캐나다	1321
멕시코	1291
브라질	1123
호주	1117
대만	1095

※자산5만~50만달러보유 성인 기준
자료 크레디스위스

출처: 크레디스위스

국가에 같은 소득 기준을 적용하지 않고 각 국가별로 중위 소득을 잡아 기준을 삼다 보니 아무래도 인구 많은 국가가 유리한 측면이 있죠. 또한 중국은 소득 불균형이 상대적으로 심하지는 않아서 극빈층이 적고 중산층이 더 많아지는 모양새였습니다. 예를 들면, 인구수만으로는 인도도 적지 않지만, 부의 불균형이 심해서 실제 중산층이 많지는 않습니다. 당시 자료를 확인하는 게 더 의미 있을 것 같아 상단 표를 첨부합니다.

다음으로는 경제에 대한 중국인의 관점인데요, 당시에는 중국 경제가 엄청난 성장을 하고 있었죠. 그러니까 당연히 미래나 경제에 굉장히 낙관적인 생각을 하고, 소비 관념적으로도 관여도가 매우 높았어요. 반면 로열티는 굉장히 떨어지는 특징이 있었고요. 기업 입장에서는 마케팅하기에 결코 쉽지 않은 소비자였죠. 엄청 까다롭게 이것저것 따져서 선택하지만, 한 번 선택했다고 해서 계속 마음을 주는 것도 아니죠. 더 좋은 대안이 있으면 언제든 갈아탈 수 있는 것이니까요. 어쩌면 이것이 성장하는 국가의 열정적인 소비자의 전형적 특징 같기도 합니다.

또한 당시에는 한창 '생활의 격'에 대해 관심이 많았어요. 예를 들면, 무지(MUJI, 무인양품) 브랜드가 핫하게 떠오르고 있었는데, 그 브랜드를 선호하는 이유를 들여다보면 '새로운 삶의 방식을 제시한다'는 측면이 있었어요. 원래 중국 사람들은 번쩍번쩍하고 화려한 스타일을 좋아하는데, 사실 무지는 정반대잖아요. 정갈하고 담백한 미니멀리즘 느낌이죠. 그런데 젊은 층에서는 이러한 새로운 느낌이 앞서가는 라이프 스타일이라는 생각을 많이 갖고 있었습니다. 제가 중국의 한 패션 잡지 에디터와 트렌드에 대해 인터뷰를 했는데, 그분이 아주 인상적인 말을 하더군요. 중국의 프리미엄 시장은 무지의 사례처럼 '삶에 대한 접근 방식'이 관건이 될 것이라고요.

잡지 에디터 인터뷰 내용(녹취록 재구성)

생활의 격에 대한 관심

"중국인들은 이제 세상을 보는 안목이 발아하는 단계로 진입했습니다. 그리고 이것이 중국 프리미엄 시장 전체를 바꾸기 시작했습니다. 예를 들어 MUJI는 전혀 고가의 브랜드가 아닙니다만 새로운 삶의 방식들을 제시해주고 있다는 점에서 프리미엄하게 느껴지는 브랜드입니다. 앞으로 중국의 프리미엄 시장은 MUJI처럼 삶에 대한 접근 방식에서 좌우될 것입니다."

당시 직원이 저에게 어떤 글을 보여줬어요. 인터넷에서 유행하는 문구라면서. 그때는 한국과 마찬가지로 중국에서도 일본 소설가 무라카미 하루키가 굉장히 인기를 끌고 있었죠. 그 작가의 어록 중에 "생활엔 격식이 필요하다"라는 게 있다는 거예요. 지금 보면 허세 충만한 감성처럼 느껴지기도 하지만, 아무튼 남들하고 다른 라이프 스타일을 누리고 싶다는 의지가 있는 거잖아요. 어쨌든 이런 생각들이 많이 팽배해 있는 상황이었던 거죠.

당시 중국 인터넷에서 유행하던 '허세 감성' 충만한 문구

"생활에는 격식이 필요하다.
우리는 생명이 주는 모든 것을 존중해야 하며,
생명이 주는 유쾌한 체험을 마음껏 누려야 한다.
빠르고 간결한 생존 방식이 아닌,
우리가 중요시하는 격식이야말로 생활을 생활답게 만든다."

-By 무라카미 하루키

그리고 잘나가는 젊은 신흥 부자라면 반드시 구입한다는 '신흥 프리미엄 제품군'이 있었는데, 여기엔 다이슨이나 테슬라 브랜드도 포함되었습니다. 그런 사실이 우리에게는 기회로 보였죠. 대대로 전통 있는 명문가 브랜드뿐 아니라, 신흥 브랜드라도 중국의 떠오르는 신흥 인류와 통할 수 있는 접점을 제대로 찾기만 하면 어필할 수 있겠다는 판단이 섰거든요.

새로운 라이프 스타일로 통했던 스몰 웨딩

중국 신흥 인류와 통하는 새로운 라이프 스타일 찾기

당시 베이징과 상하이 등 대도시에서 나름 주변 지인들 사이에 인플루언서라고 알려진 사람들을 모아 좌담회를 진행한 적이 있습니다. 그 자리에서 그들이 좋아하는 스타일, 브랜드, 콘텐츠, 라이프 스타일에 대한 이야기를 들었는데, 그중 누군가가 한국 연예인과 드라마를 이야기하며 스몰 웨딩에 대한 로망을 언급하더라고요.

그때는 유명 한국 연예인 사이에서 스몰 웨딩이 유행이었어요. 이것이 한국 내에서도 화제였지만, 중국 젊은이 중에도 따라 해보고 싶다는 사람이 꽤 있었던 것 같아요.

선망하는 라이프 스타일, 스몰 웨딩으로 시작

저희는 당시 타깃이 좋아하는 '세련되고 감각적인 라이프 스타일'

삼성전자 가전제품 시리즈 캠페인, 우리 집으로 오세요

을 우리 가전 브랜드의 이미지 방향으로 정하고, 개별 제품의 우수성이 아니라 브랜드가 추구하는 일상을 시리즈 광고로 묶어서 집행하기로 했습니다. 제품력이나 기술력에 대해서는 이미 한국 제품이 인정을 받고 있었으니까요. 여기에 또 기술 위주로 이야기를 해봤자 소비자 입장에서는 그다지 매력이 없다는 점을 클라이언트도 어렵지 않게 받아들였고요.

상단의 광고 이미지를 쭉 이어서 보면, 세련된 외모의 선남선녀가 한적한 교외에서 스몰 웨딩을 하고, 같이 여행을 갔다가 돌아와서 밀린 빨래를 하느라 세탁기를 쓰고, 과일을 먹기 위해 냉장고를 열고, 같이 알콩달콩 TV를 보고, 티격태격 로봇 청소기를 사용하는 일련의 상황이 달콤하게 펼쳐집니다. 매체 비용을 사실 많이 쓰지는 못했는데, 시청자들의 반응은 매우 폭발적이었던 것으로 기억합니다.

반응이 너무 좋아서 다음 해에도 연속 캠페인을 집행했으니까요. 이번엔 결혼 뒤 아이가 태어난 상황이에요. 조금 더 안정적

삼성전자 가전제품 시리즈 캠페인, 우리 집으로 오세요 2탄

인 결혼 생활의 면면을 역시나 고소하고 달달하게 보여주면서, 우리가 생각하는 프리미엄 라이프 스타일을 다시 한번 전달했죠. 프리미엄 제품 라인업을 가지고 소구하는 식으로 캠페인 자체도 좀 더 확장하고요.

이에 대한 후기는 굉장히 좋은 게 많았어요. 그중 특히 "가볍고 쉬운 라이프 스타일, 남편과 나도 집안일을 별로 좋아하지 않아서 모두 삼성 것으로 샀다. 행복은 멀리 있지 않다"라는 코멘트가 마음에 남았습니다. 우리가 노린 결과를 보여주는 내용이었거든요. 이들 광고에서는 구체적인 제품 이야기를 메인으로 하지 않았음에도 불구하고 브랜드를 더 어필할 수 있었고, 이것이 프리미엄 가격까지도 받을 수 있는 마음속 근거가 되지 않았나 싶습니다.

몇 년 전 거의 10년 만에 한국 자동차 캠페인 기획 업무를 진행했습니다. 그리고 깜짝 놀랐죠. 그사이 한국 시장이 많이 바뀌었더라고요. 예전 자동차 캠페인을 할 때는 고객의 '패밀리 라이프 사이클'이라는 걸 굉장히 중시했어요. 싱글인지, 결혼했는지, 아이가 있는지, 아이가 있으면 몇 살인지, 아이들을 독립시켰는지 등의 라이프 사이클이 있고, 그에 따라 차량 크기나 가격대가 암묵적으로 결정된다는 일반적 믿음이 있었죠. 그런데 이제는 어느새 그런 생각이 '편견'이 되어버린 시대가 되었습니다.

편견과 현실

과거 패밀리 라이프 사이클과 자동차 스펙 욕구 그래프는 다음과 같은 가설을 갖고 있었습니다. 독신이었다가 결혼하고, 아이가 생기고, 아이가 독립하고, 이러는 과정에서 차량의 크기와 스펙에 대한 욕구가 전체적으로 뒤집은 U자 형식이 된다는 가설입니다. 준대형 SUV는 사실 굉장히 큰 사이즈기 때문에, 저희는 자녀들이 중고생 정도인 가정에서 선호할 거라고 상정했거든요.

그런데 이제는 그 타깃이 아니더라고요. 단순히 나이와 라이프 스테이지에 따라 어느 정도 사이즈에 어느 정도 스펙의 차량이 필요하겠거니 하고 가정하는 게 편견이라는 걸 깨달았습니다. '아빠'라고 해서 실용성만 따지는 '아저씨'가 아니라 자기 색깔이 분명한 사람이고, 운전자 개개인의 취향을 더 깊이 있고 다양하

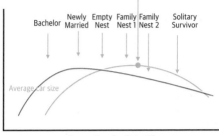

전통적 관점 : "차 크기는 family Life cycle에 좌우"

자녀가 10대일 때 Peak = 준대형 SUV의 일반적 타깃

Bachelor　Newly　Empty　Family　Family　Solitary
　　　　　Married　Nest　Nest 1　Nest 2　Survivor

Average car size

Average Spending Potential

게 고려해야 하는 상황이 된 겁니다.

　예를 들어, 요즘의 SUV 광고들을 한번 살펴보시죠.

　볼보 XC60 광고를 보면, "삶이라는 여행을 더 즐겁게"라는 주제로 엄마 아빠 아이의 각자 관점에서 여행을 바라봅니다. 예전 같으면 함께하는 여행의 즐거움에 대해 말했을 텐데, 이제는 가족 하나하나의 맥락을 다 헤아려준다는 의미를 전달하고 있죠.

　심지어 디 올뉴 스포티지 같은 경우에는 꽤 큰 사이즈의 준중형 SUV임에도 불구하고, 가족 타깃이 아니라 그냥 자연을 보고 액티비티를 즐기기 위해 혼자 여행 가는 사람을 상정하고 캠페인을 만들었더라고요. 이젠 함께하는 멤버가 누가 됐건 자기 취향과 라이프 스타일이 중요하다는 의미를 담고 있는 거겠지요.

〈볼보 XC60 광고〉

Volvo XC60
"삶이라는 여행을 더 즐겁게"
엄마의 삶
아빠의 삶
아이의 성장
어른의 성장
다 함께

디 올뉴 스포티지 캠페인

디 올뉴 스포티지
"궁금한 그곳으로 나를"

자연을 보러
액티비티를 즐기러
혼자 여행 가는 사람

초대형 SUV 팰리세이드도 "당신의 모든 세상, 팰리세이드"라는 이야기로 다양한 취미 생활을 하는 남녀가 각자 타고 다니는 시리즈 캠페인을 진행해 굉장히 호평을 받았다고 들었습니다. 공간이 넓다는 이야기도 이제는 사람을 많이 싣는 게 아니라, 자기가 좋아하는 것을 많이 담을 수 있는 것으로 치환해야 더 공감을 얻을 수 있다는 이야기겠지요.

트래버스의 경우 이전 광고부터 죽 변천 과정을 살펴봤습니다. 이전에는 '화목한 가족'을 전면에 내세우고, 넓은 공간에서 비

팰리세이드 캠페인

초대형 팰리세이드마저_

"당신의 모든 세상, 팰리세이드"

다양한 취미생활을 하는
남녀 개인들을 위해

쉐보레 트래버스 광고 변화

가족/실용성(~2021)

개인/취향, 라이프스타일 (2023년)

롯된 '실용성'도 중요하게 다뤘습니다. 하지만 이제는 완전히 개인의 취향과 라이프 스타일 방향으로 전환했죠. 미국에서는 '트래버스 시티'라는 키워드를 내세우면서 다양한 사람들의 형형색색 라이프 스타일을 감각적으로 다루며 기존의 실용성 이미지에서

확 벗어나려 시도하고 있습니다. 한국에서는 프리미엄으로 방향을 틀어 '리브 하이 리브 수퍼(Live high Live super)'라는 슬로건으로 캠페인을 진행했고요.

그래서 결론적으로 저도 이전의 '촌스러운' 편견을 깨고, 요즘 SUV를 구매하는 소비자의 마인드에 대해 완전 새로운 눈으로 접근하게 되었습니다.

LG 오브제 캠페인-화목한 가족보다 멋진 개인의 취향 표현

시대 변화의 스피드

요즘은 어떻게 보면 '가족'이라는 전형적인 단어가 실종되고 있는 것 아닌가 하는 생각이 듭니다. 사실 한국에서는 이미 10여 년부터 전부터 나온 화두였죠. 영화나 소설 같은 콘텐츠에서 우리가 알던 가족은 이제 더 이상 존재하지 않는다는 얘깁니다.

이런 흐름이 광고 캠페인에서도 꽤나 노골적으로 나타나고 있습니다. 심지어 가전 광고에서도 그렇습니다. 가족이 다 나오긴 하는데, 이들이 화목하게 지내는 따뜻한 모습보다 오히려 각자 자기 공간에서 멋지게 자기 생활을 하는 모습을 부각하고 있습니다. 시대의 흐름은 그래서 민감하게 들여다볼 필요가 있는 것 같습니다.

그럼 이런 경향성이 한국만의 독특한 현상일까요? 아니겠지요. 트래버스의 미국 캠페인 사례에서처럼 미국에서도 이런 트렌드가 나타나고 있고, 일본은 말할 것도 없지요. 다른 나라들도 속도는 다르겠지만, 빠르게 혹은 서서히 변화하고 있을 거라고 짐작합니다.

그런데 만약 다른 나라에서 마케팅을 진행하는데 현지 담당자들이 옛날 스타일대로 생각하고 있다면, "혹시 여기도 그런 현상이 있을 수 있으니 한번 확인해봅시다"라고 말할 수 있을 것입니다. 그리고 조금씩 그런 트렌드가 생기고 있다면, 남들보다 조금 앞서가는 캠페인과 마케팅을 할 가능성이 있는 거지요. 말하자면 이런 것이 앞서가는(?) 한국 시장에서 일한 강점이라고 할 수 있지 않을까요?

최근 트렌드 리포트에서 이런 내용을 봤습니다.

- 인구구조의 변화와 함께 종신 보험이 사라지고 있다.
- 함께 사는 셰어 하우스 공간에서 각 방의 면적을 줄이고 커뮤니티 공간을 늘렸더니 훨씬 반응이 좋았다.
- 1인 가구 1000만 시대를 앞두고 코-리빙(Co-living) 하우스가 증가하고 있다.

모두 다 말이 되는 얘기죠. 이는 우리가 다른 나라보다 앞서 겪고 있는 일일 수 있습니다. 한국 사회의 다양한 현상은 우리만

**종신보험,
'인구와 함께 사라지다'**

생명보험사의 주력 상품인 종신보험이 인구와 함께 사라지고 있다. 1인가구가 늘어나고 결혼을 하더라도 자녀를 낳지 않는 '딩크' 문화가 확산하는 등 인구구조가 변하고 있기 때문이다. 삼성·한화·교보생명 등 보험사의 가입 현황을 분석한 결과, 종신보험 신규 계약 건수는 지난해 말 기준 50만 5622건으로 10년 전인 2013년(168만 340건)보다 70% 감소했다. 사망보험금을 주요 보장으로 삼는 종신보험은 '남아 있는 가족을 위한 보험'인데, 그 필요성을 느끼지 못하는 이들이 늘어난 데 따른 결과로 풀이된다. (출처:2023.05.02 서울신문)

**호실 줄이고
커뮤니티 늘렸더니...**

어떻게 하면 주거만족도를 높여 건물주분만 아니라 그 안에 사는 사람에게도 행복감을 줄 수 있을까? 바로 ①좋은 디자인과 ②입주자 삶의 질을 높여주는 콘텐츠, 즉 커뮤니티 공간의 효율성과 ③호불적인 운영·관리시스템이다. 특히나 입주민을 위한 라운지, 파티룸, 도서관, 미팅룸과 영화 상영, 워크숍, 세미나가 가능한 공간의 배치는 호실 감소로 인한 분양수익의 손실이 아니라 공간에 다양한 문화 콘텐츠를 입혀 가치를 상승시키는 수단이 될 수 있다. 이제는 '어느 동네에 산다'가 아니라 어디에서, 어떤 사람들과 함께, 어떤 서비스를 받고 사느냐가 중요한 시대가 된 만큼 커뮤니티 공간의 중요성은 특히나 (공유주거 형태에선) 더욱 더 커질 것으로 보인다. (출처:2023.06.15 매일경제)

**"방해받기 싫어!!"
"근데... 외로워요"**

1인 가구 1000만 시대를 앞두고 다양한 주거형태가 등장한다. 그 중에서도 최근 각광 받는 것이 코리빙(CoLiving)하우스다. 함께, 또 따로 사는 것을 의미한다. 쉐어하우스가 개인 공간이 있고 주방과 거실 등 필수공간을 공유하는 형태라면, 코리빙하우스는 그 보다 훨씬 넓은 공간에 카페, 운동 공간, 테라스, 미팅룸, 루프탑 등 다양한 특별 공유공간이 있다는 게 가장 큰 차이다. 코리빙하우스가 주목 받는 이유는 '혼자는 싫지만, 그렇다고 방해받고 싶지는 않다'는 1인 가구의 마음을 저격했기 때문이다. 즉 같이 살 사람이 꼭 필요한 것 아니지만, 교류할 수 있는 존재가 필요하다는 것. 개인공간이 있지만 누군가와의 '느슨한 교류'가 가능한 코리빙하우스에 대한 관심이 더욱 많아질 것으로 예상되는 이유다. (출처:2023.06.24 머니투데이)

엠브레인 트렌드 리포트(2023년 6월)

의 특징이 아니라는 얘깁니다.

유행 발신국이 된 한국-마케터에게는 기회

한국의 '글로벌 브랜드'라고 하면 이전에는 주로 자동차나 가전 제품, 반도체 같은 하드웨어 일색이었는데, 이제는 기호식품, 패션 브랜드는 물론 다양한 콘텐츠 등 소프트웨어 분야에서 훨씬 더

루이 비통 잠수교 패션쇼(2023년 4월), 구찌 경복궁 패션쇼(2023년 5월)

다양해졌습니다. 이는 여러모로 매우 의미 있는 일입니다.

불과 얼마 전까지만 해도 "일본에서 유행하면 한국에서 유행한다"는 게 정설이었잖아요. 물론 여전히 유효한 부분도 많지만, 이젠 우리가 괜찮은 것을 만들고 일본이 따라 하는 분야도 생기고 있죠. 3D 퍼포먼스 미디어 같은 분야가 그렇고, '인생네컷' 같은 아이디어 제품도 수출하고 있답니다.

구찌나 루이 비통 같은 글로벌 명품 브랜드도 한국에서 인스피레이션(Inspiration)을 받는다는 이야기를 공공연히 하고 있죠. 한국에 명품 소비족이 많아서 그렇다고 얘기하는 사람도 있지만, 사실은 글로벌에서 한국의 콘텐츠나 문화·이미지를 독특하고 매력적으로 느껴 마케팅 차원에서 이를 활용하려 한다는 게 더 설득력 있다고 봅니다. 이런 모든 상황이 결국 한국에서 나고 자라고 마케팅을 경험한 우리 후배들에게 기회를 만들어주고 있는 것이라는 가슴 벅찬 이야기로 4부를 마무리하고자 합니다.

씨줄과 날줄의
교차점, 세대

05

Generation

마케팅 기획의 핵심은 사람이다.

마케팅 '타깃' 하면 소비 수준, 소비 행동 등 물질생활과 관련된 것을 먼저 떠올리지만 근본적으로 중요한 것은 그들이 나와 동시대를 살아가는 피와 살을 가진 따뜻한 사람들이라는 점이다.

우리의 X세대는 글로벌 X세대와 비슷한 특성을 간직하면서도 동시에 우리나라만의 특수성을 가진 386세대, 올림픽 세대, IMF 세대라는 명암도 지니고 있다.

재기발랄하고 세상 해맑은 모습을 한 K-젠지(Gen-Z)도 들여다보면 세월호 세대, 코로나 세대라는 아픈 이름이 함께 새겨져 있는 입체적 인간들이다.

우리가 아는 주요 세대, XYZ

우리가 최근 일상에서 주로 언급하는 세대는 X세대, Y세대 그리고 Z세대죠. 마케팅의 핵심 타깃으로 떠오른 시기에 따라 이들을 파악해보면, X세대는 1990년대 초반 무렵에 화제가 되었고, 2005년 무렵에는 밀레니얼이라는 이름으로 Y세대가 한창 관심을 끌었죠. 그리고 개성이 매우 뚜렷한 젠지(Gen-Z), 즉 Z세대는 2020년경에 출현했지만 억울하게 그 전 세대인 밀레니얼과 묶여서 MZ로 불리기도 합니다. 그러나 사실 그 세대가 태어나면서부터 관심을 끈 것은 아닙니다. 그들이 성장해서 10대 후반, 20대에 이르러 소비생활에 본격 뛰어들고 유행에 민감한 브랜드의 핵심

[소비 주축인 20대 기준]

GDP per capita, current prices
U.S. dollars per capita

50 thousand
40 thousand
30 thousand
20 thousand
10 thousand
0

X세대   밀레니얼
(Y세대)   젠지
(Z세대)

1980 1985 1990 1995 2000 2005 2010 2015 2020 2025   2025

● Korea, Republic of ⋯⋯⋯⋯⋯⋯⋯⋯⋯⋯⋯⋯⋯⋯⋯⋯ 33.39 thousand

95년 무렵,
혜성과 같이 등장한 X세대

2010년 무렵부터 10년간
꾸준히 관심을 끈 Y세대 (밀레니얼)

2020년 경 출현,
밀레니얼과 묶여 MZ라고 불리지만,
엄연히 독특한 개성이 있는 Z세대 (젠지)

(IMF homepage, 연당 GDP)

시대별 핵심 타깃이 된 세대의 명칭

타깃이 되면서 집중 조명을 받은 거죠. 이제는 알파벳 Z까지 다 등장해서 맨 앞으로 돌아간 알파(α) 세대 이야기가 나온다던데, 이들은 아직 소비의 주축으로 성장하지 못한지라 대략 5~6년 정도 지나야 본격적으로 사회에 등장하지 않을까 싶습니다. 그러면 그때는 Z와 α를 묶어 Zα 세대라고 할까요? 한번 지켜보시죠.

본격적 마케팅의 사실상 첫 타깃, X세대

X세대는 넓게 보면 1965년부터 1980년 사이에 출생한 사람들을 말하며, 대학 학번으로는 1990년대 학번을 중심으로 1980년대 후반 학번까지 살짝 끼워주는 그룹입니다. '서태지와 아이들' 등장 이후 하나의 세대로서 본격적인 특징을 부여받는데, 주로

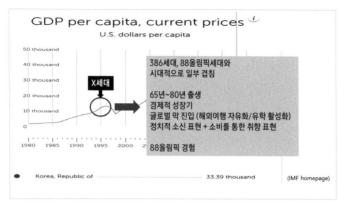

본격적 마케팅의 첫 타깃이 되었던 X세대

'개성이 강하고 자기표현 정확한' 첫 세대로 불리죠. 정치적 자유에 민감한 386세대(처음 등장했을 때 기준으로 30대-1980년대 학번-1960년대생; 지금은 586세대로 통칭)의 끝물과 살짝 겹치고, 88올림픽 세대(88올림픽 때 10대 후반, 20대 초반이었던 사람이므로 대부분 X세대와 겹칩니다. 올림픽 이후 글로벌 문호 개방으로 유학이나 해외 배낭여행을 비교적 자유롭게 시작했죠)와도 일부 겹칩니다. 정리하면 당시는 본격적인 경제 성장기여서 물질적 풍요를 이전 세대 대비 훨씬 많이 누렸고, 이에 따라 소비를 통한 취향 표현이 최초로 발현된 세대이기도 합니다. 정치적 소신을 표현하는 사회적 공간을 누리는 행운도 경험했습니다. 또 우물 안 개구리에서 벗어나 세계 속에서 한국의 위상이나 비전을 고민하는 글로벌 1세대라는 특징도 있습니다.

벅찬 감동의 밀레니얼, Y세대

밀레니얼, Y세대는 1980년부터 1994년 사이에 출생한 사람을 통칭하는데, 이들의 특징을 대표하는 것이 바로 월드컵입니다. 공식 명칭으로는 '2002 한국/일본 월드컵'인 이 대회에서 한국이 뜻하지 않게 4강까지 진출하는 쾌거를 거두었죠.

이전 88올림픽 때는 글로벌 대회를 개최한다는 사실 자체에 의미가 있었다면, 2002년 월드컵 때는 우리가 실력으로 당당히 글로벌 탑 랭킹에 들었으니, 한국의 '기세'가 대단했던 시기입니다. IMF 위기 이후 경제도 회복 국면이었고 디지털 시대가 본격적으로 열리면서, 이전과 다른 새 시대에 우리도 할 수 있다는 의욕이 한껏 치솟아 올랐죠. 한류도 드라마 중심으로 떠오르는 등 한마디로 국운이 대세 상승기였지요. 여기에 빨간 '비더레즈(Be The Reds)' 셔츠를 입고 열정적으로 길거리 응원을 하며, 자발적으로 어질러진 쓰레기까지 정리하는 모습이 세계로 타전되면서 문화적 자신감 같은 부수적 효과도 얻었고요.

Y세대는 10대부터 20대 사이에 이런 일을 체감했으니 나름 복받은 세대가 아니었나 싶습니다. 당시에는 이들을 월드컵 세대 또는 'Be The Reds'의 R을 따서 R세대라고도 불렀습니다. 그래서 세대 규정을 할 때 열정적 에너지, 자율과 공동체 의식을 동시에 보유한 건강한 사회화 과정을 겪은 세대라고 표현합니다. 물론 지금은 '낀 세대'라는 자조 섞인 푸념을 하기도 하죠. 경제적 부와 사회적 지위는 앞선 X세대가 다 챙기고, 다음 세대인 Z세대에

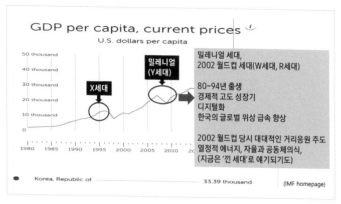

밀레니얼 세대로도 불리는 Y세대의 특징

게도 밀린다는 거죠. 전통적 조직관과 현대적 개인주의 사이에서 고통받긴 해도, 어쨌거나 우리 사회의 허리를 떠받치는 큰 역할을 하는 든든한 세대임은 분명한 것 같습니다.

글로벌 톱티어, 그러나 양극화된 Z세대

Z세대, 즉 젠지는 1995년에서 2010년 사이에 출생한 사람을 통칭합니다. 이들이 청소년기를 보낸 20년은 한국이 세계 무대에서 눈부시게 성장한 시기였죠. 경제적으로도 문화적으로도. 하지만 문제는 그 과실을 다 같이 나눠가진 세대는 아니라는 겁니다. 부모인 X세대에 의해 사회구조가 어느 정도 고착화하면서 부의 불

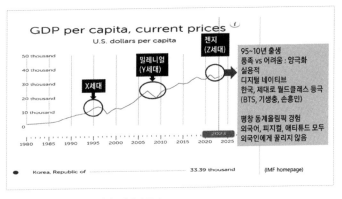

사회정의에 민감하고 실용적인 Z세대의 특징

평등이 현실화하고, 이에 따라 그 자녀 세대인 젠지는 풍족하든 어렵든 양극화가 심화된 세대입니다. 그래서 일반적으로 사회정의 문제에 굉장히 민감하고 실용적인 특징이 강합니다. 사회 전체의 이슈보다는 자신이 속한 이해 집단의 문제에 더 예민하게 반응하기도 하고요.

어쨌거나 이 시기에 한국은 세계 무대에서 날개를 달았습니다. 삼성·LG·현대 같은 우리의 대표 브랜드들이 세계 톱 브랜드가 되는 것을 목격했고, 〈기생충〉이나 〈오징어게임〉처럼 한국의 독특한 문화에 기반한 콘텐츠가 세계를 휩쓸고, BTS나 손흥민처럼 세계 정상급 플레이어들이 당당하게 글로벌 무대에서 즐기는 모습도 봤죠.

이 시기를 대표하는 메가 이벤트는 평창 동계올림픽이 아니었나 싶습니다. 그때 메달을 딴 우리나라 어린 선수들이 인터뷰

하는 것 보셨죠? 실력이나 피지컬 면에서 이미 글로벌 톱 수준이고, 영어도 잘하고, 인터뷰할 때 당당하게 말하는 애티튜드가 정말 인상적이지 않았나요? 우리나라가 30년 사이에 정말 크게 변화했다는 걸 실감할 수 있었습니다.

세대론의 원조, 미국

그런데 이 XYZ세대론은 사실 모두 미국에서 온 개념이에요. 미국에서는 베이비부머 세대에서 시작해 B-X-Y-Z라는 식으로 설명하는데, 베이비부머는 다른 나라에 일반화시키기 어려운 요소가

사실, XYZ 모두 미국에서 온 개념

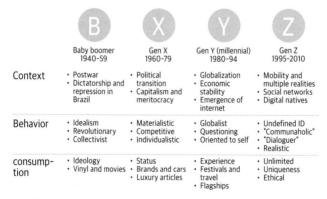

Today's young people differ from yesterday's.

	B — Baby boomer 1940-59	X — Gen X 1960-79	Y — Gen Y (millennial) 1980-94	Z — Gen Z 1995-2010
Context	• Postwar • Dictatorship and repression in Brazil	• Political transition • Capitalism and meritocracy	• Globalization • Economic stability • Emergence of internet	• Mobility and multiple realities • Social networks • Digital natives
Behavior	• Idealism • Revolutionary • Collectivist	• Materialistic • Competitive • Individualistic	• Globalist • Questioning • Oriented to self	• Undefined ID • "Communaholic" • "Dialoguer" • Realistic
consump-tion	• Ideology • Vinyl and movies	• Status • Brands and cars • Luxury articles	• Experience • Festivals and travel • Flagships	• Unlimited • Uniqueness • Ethical

출처: 매킨지

있어 전 세계적으로 사용된 것은 X세대부터라고 할 수 있지요. 우리나라도 1990년대 이후 인터넷 사용 등으로 본격 글로벌화하면서 미국의 세대론을 흡수했고, 처음으로 X세대 이야기가 마케팅이나 미디어 현장에서 나름 히트를 치며 정착하지 않았나 싶습니다. 그 뒤부터는 별다른 저항감이나 이의 없이 지금까지도 많은 나라에서 (적어도 마케팅 현장에서는) 소비문화의 주도국인 미국발 세대 담론을 차용해 쓰고 있는 상황이지요.

각 국가의 세대는 특수성과 보편성의 조합

세계 각국도 자기 나름대로 세대를 나누고 있겠지요. 다만 과거에는 아무래도 각 국가의 특수성이 더 큰 비중을 차지했겠지만, 정보 소통이 점점 세계화하면서 이제는 글로벌 동질성이 더 높아지는 추세입니다. 특히 컴퓨터 소프트웨어, 게임, 스마트폰, 태블릿, 챗GPT 같은 디지털 기술이 그 선두에 있다고 할 수 있죠. 브랜드로는 마이크로소프트, 구글, 애플 등이 제일 앞에 있고요, 나이키나 스타벅스처럼 소비재나 서비스 브랜드의 글로벌 장악력 역시 점점 커지고 있습니다. 저는 이것을 씨줄(세로, 국가 특수성)과 날줄(가로, 글로벌 동질성)로 비유하고 싶습니다. 즉, 어느 특정 국가의 특정 세대는 그 특수한 역사와 동시에 전 세계적 공통점도 내포하고 있다는 겁니다. 요컨대 그 나라의 특징만 있는 것도 아니고, 글로벌의 보편성만 있는 것도 아니고, 두 가지가 얽혀 있다고 보면 좋을 것 같습니다.

중국의 세대론

제가 5년간 일했던 중국도 마찬가지였습니다. 현재와 같은 자본주의 체제를 도입한 시점을 중국에서는 '개혁개방'이라고 표현하는데, 이것이 1978년이었습니다. 그 이후부터 세대를 1980년대생(80후), 1990년대생(90후), 2000년대생(00후)으로 분류하고 있죠.

　중국의 1980년대생(80후)은 개혁개방 이후 서구의 물질문명을 제대로 접한 첫 세대입니다. 청소년기에 급격한 경제성장의 과실을 맛보았고, 또 인터넷 보급으로 해외 문명에 제대로 노출되면서 필연적으로 전통적 가치관과 서구적 가치관이 혼재할 수밖에

중국의 주요 세대와 역사적 사건

중국 역시 마찬가지 : 가장 주목받는 80년대생(80후)와 90년대생(90후)의 경우

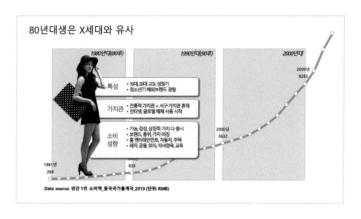

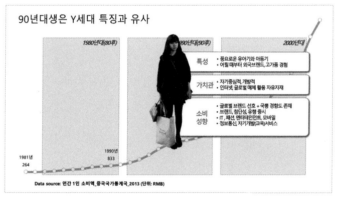

없었죠. 중국 역사상 처음으로 개인적 가치관이나 취향을 내세운 세대였으니, 여러모로 한국의 X세대와 비슷한 특징을 갖고 있습니다.

1990년대생은 자연스럽게 우리나라 밀레니얼 세대와 유사한 특징을 보이죠. 세련된 소비생활이 가능하고, 인터넷 사용을 자유자재로 하며, 자기중심적인 동시에 소속감 역시 중시합니다. 이 세대의 최대 이벤트는 2008년 베이징올림픽 개최라고 할 수 있죠. 1840년 아편전쟁 이후 치욕의 역사를 극복하고, 전 세계를 향해 존재감을 제대로 과시한 행사라는 평가를 자체적으로 내리고 있는데, 엄청난 자신감과 물량 공세로 깜짝 놀랄 만한 수준의 국제 행사를 멋지게 치러냈다는 점에서는 저도 공감이 갑니다. 어쨌거나 이 세대는 민감한 청소년기에 우연히도 한국의 월드컵 세대와 비슷한 자부심을 경험한 거죠.

중국의 사례를 소개했지만, 베트남 역시 20대와 30대의 젊은 소비자가 비슷한 특징을 보입니다. 왜냐하면 글로벌 동질성과 지역 특수성 중 젊은 세대일수록 전자가 훨씬 우세해지는 경향이 있거든요. 온라인에서 쉽게 찾아볼 수 있는 미국 소비자 리포트 내용이 우리나라 젠지들하고 비슷한 경우도 많습니다. 그런 부분을 참고하면 입체적인 이해에 훨씬 도움이 될 것입니다.

같은 논리로, 다른 국가에서도 비슷한 방식의 고민을 해볼 수 있지 않을까 합니다. 앞으로 특정 국가 특정 연령대 소비자의 인사이트를 분석할 때, 글로벌 공통의 세대론적 접근을 시도해보길 권하고 싶습니다.

2019년 글로벌 셀럽 팬덤 활용 전략

약해지는 브랜드 선망성과 셀럽 활용

몇 년 전 진행한 글로벌 셀럽 팬덤 활용 프로젝트를 소개합니다. 프로젝트 추진 배경은 우리 회사의 핵심 클라이언트이던 글로벌 스마트폰 브랜드의 이미지가 점차 진부해지고, 글로벌 젊은 층에게서 선망성이 약해지고 있다는 조사 결과 때문이었습니다. 회사 입장에서는 속이 탈 수밖에 없지요. 당장의 매출이나 이익도 중요하지만, ICT 분야의 브랜드는 젊은 층의 관심을 벗어나면 장기적 경쟁력이 약해질 수밖에 없으니까요.

스마트폰의 시장 진출이 10년을 넘기면서 제품이나 기술력 면에서 새로운 소구 포인트를 찾기 어려운 상황이었고, 따라서 사람들의 전반적인 관심도 낮아지고 있었지요. 이럴 때 생각할 수 있는 솔루션이 바로 핫한 셀럽을 활용해 브랜드를 신선하고 매력적으로 새롭게 만드는 것이었습니다. 그래서 한국 출신 글로벌 핫셀럽 가운데 우리 브랜드와 핏이 맞는 인물을 선정해 글로벌 젊은 소비자에게 어필해보자는 취지였습니다.

MZ세대로 인한 마케팅 패러다임 전환

우리가 분석한 몇 가지 수치를 소개하면, 첫 번째는 인구수를 들수 있습니다. 당연한 이야기지만 일단 핵심 타깃의 시장 사이즈가 중요하거든요. 당시 분석으로는 글로벌에서 밀레니얼이 24억 3000만 명, 젠지가 24억 7000만 명으로 집계되었습니다. 전 세

Our Target

마케팅 패러다임 변화의 발단

**Core target
Millennial & Gen Z**

Our Target

기존 마케팅 방식은 통하지 않는 그들

**They are
smarter than
marketers**

"브랜드가 주도하는 마케팅 메시지 때문에 지갑을 열지는 않아"
글로벌 10명 중 8명 (Worldsteam, 2018)

"브랜드가 마케팅을 지나치게 주도하면 반감이 들어"
국내 10명 중 6명 (제일기획 소비자 조사, 2018)

"브랜드를 좋아하기 위해서는 authenticity가 가장 중요"
글로벌 소비자 10명 중 8명 (Social Media Today, 2017)

"인플루언서 마케팅이 브랜드 광고보다 호감이 높음"
글로벌 소비자 10명 중 7명 (Forbes, 2017)

Brand driven marketing의 한계

계 인구의 63%를 차지하는 규모입니다. 적지 않은 수치죠.

그런데 문제는 이들에게는 이제 더 이상 기존 마케팅 방식이 통하지 않는다는 점이었죠. 브랜드가 주도하는 마케팅 메시지를 신뢰하지 않는다는 비율이 80%에 달했습니다. 광고는 일방적인 것이라 믿기지 않으며, 오히려 본인이 신뢰하는 인플루언서가

Why are Millennials turning away?

일방적이 아닌 양방향 소통

최초의 디지털 네이티브 세대인 밀레니얼은
모바일을 중심으로 한 영상 콘텐츠의
가장 큰 소비자이자 생산자이다.

TV는 그들이 소비하는 채널의 극히 일부일 뿐,
페이스북과 인스타그램, 유튜브로 대변되는
새로운 소셜 미디어가 그들이 선호하는
미디어이다.

그리고, 이런 미디어에서 이들은
자유롭게 즐기고 소통한다.

More likely to be loyal to a brand
that responds to feedback via social media
over a brand that doesn't

72% vs. **47%**
Age 45+

ZDnet, 2019

We don't need the traditional media;
we have social media,
where we tell stories ourselves.
What do we need MSNBC for?
We have ~~Facebook~~ and ~~Twitter~~.

Kwame Rose, Influencer

언급하는 내용을 더 좋아한다는 비율이 70% 수준으로 나타났습니다. 말 그대로 브랜드가 주도하는 '브랜드 드리븐 마케팅(Brand Driven Marketing)'이 무용해진 것입니다.

이제는 일방향이 아니라 양방향 소통을 해야 하는 상황이었죠. 밀레니얼 세대는 최초의 디지털 네이티브 세대로서 모바일 중심 영상 콘텐츠의 가장 큰 소비자이자 생산자입니다. TV는 그들이 소비하는 채널의 극히 일부일 뿐 페이스북과 인스타그램, 유튜브로 대변되는 새로운 소셜 미디어가 그들의 주요 채널입니다. 이 채널들을 통해 소비하고 동시에 생산하면서 다양한 소통을 즐긴다고 할 수 있습니다. 2019년 지디넷(ZDnet) 자료에 의하면, 페이스북 등 소셜 미디어를 통해 대화하는 브랜드에 대한 신뢰도가 45세 이상은 47%인 반면, 밀레니얼 세대는 75%였습니다.

그러면 이렇게 다루기 어려운 글로벌 MZ 소비자에게 다가가려면 어떻게 해야 할까요? 그들이 좋아하는 일상 속 화제, 소셜 미디어 속에서 그들이 관심 있어 하는 주제와 결합된 활동을 잘 찾아내는 것이 관건이겠죠.

당시 우리가 참조한 자료에 의하면, 밀레니얼과 젠지가 트위터·인스타그램 등 소셜 미디어에서 관심을 갖고 화제에 올린 토픽 순위는 1위가 여행, 2위가 패션과 미용, 3위가 밤 문화, 4위가 운동과 피트니스, 그리고 마지막 5위가 엔터테인먼트/셀럽이었습니다. 이 중에서 우리가 활용 가능한 것, 그리고 마침 한국이 갖고 있던 자산이 바로 셀럽이었습니다. 특히 음악 셀럽은 드라마나 영화보다 훨씬 더 젊은 층에게 어필할 수 있다는 점에서 매력적이었죠.

Considerations 1
Millennials Passion Point

제품 기능을 보여주는 단순 광고가 아닌,
Millennial Passion point를 고려한 경험과 소통

Young Millennial and Gen-z's Interest	
#1 Travel : 1,865M Posts	#4 Sports/Fitness: 1,233M Posts
#2 Fashion/Beauty: 1,860M Posts	#5 Entertainment/Celeb.: 539M posts
#3 Nightlife: 1,657M Posts	

그리하여 세계적 인지도와 선호도 및 팬덤 화력 측면에서 최고인 BTS로 낙점!! 당시 BTS를 수식하는 단어들은 매우 극적이었습니다. "서양 음악 산업의 최정상에 도달한 첫 한국 그룹"(영국 〈더 가디언〉)이라는 건조하지만 힘 있는 묘사부터 "비틀스의 환생, 밀레니얼 세대의 이정표"(프랑스 〈르 피가로〉) 같은 달콤한 찬사에 이르기까지, BTS는 분명 한국 콘텐츠의 힘이 한 시대를 넘어가는 데 결정적 역할을 한 그룹이었습니다.

BTS 그리고 아미(ARMY)

관련 자료 중 한 증권투자사의 리포트를 살펴봤는데, 그 내용이 아주 인상적이었습니다. 싸이와 BTS가 공통적으로 글로벌에서 엄청난 인기를 끌었는데, 그 차이는 '팬덤'에 있다는 분석이었습니다. 싸이의 '강남 스타일'은 음악과 춤이 워낙 획기적이라 사람들이 신기해서 엄청 많이 보긴 했는데, 그 곡 하나였을 뿐 팬덤이 형성된 건 아니었죠. 그런데 BTS는 하나의 일관된 세계관으로 가사를 쓰고 소통하니까, 꾸준한 팬덤이 형성되었죠. 이 강력한 팬덤이 있기 때문에 경제적 파급 효과로 따지면 싸이와 비교할 수 없다는 얘기였습니다.

BTS의 팬클럽인 아미의 구성은 76%가 여성, 18세에서 24세가 42%, 25세에서 34세가 20% 정도로 알려져 있습니다. 유행에 민감한 대부분의 제품 카테고리에서 설정하는 주력 타깃이 20대부터 30대 초반까지의 여성임을 감안하면 많은 브랜드가 군침을

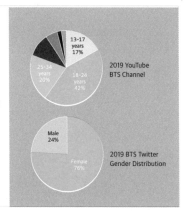

ARMY

**Female
Millennial & Gen Z**

BTS 콘텐츠의 주 소비자층은 여성 밀레니얼 & GenZ
여성 76% | 18-24세 42% | 25-34세 20%
- 빅히트, 2019

13-17 years 17%

25-34 years 20%

18-24 years 42%

2019 YouTube
BTS Channel

Male 24%

Female 76%

2019 BTS Twitter
Gender Distribution

흘릴 만한 팬덤 구성이라고 할 수 있죠.

성공과 실패를 가름하는, 팬덤의 효과적 활용 여부

당시 우리는 앞서 BTS를 활용한 캠페인 중 성공과 실패의 사례를 구분해 살펴보고, 그 원인도 분석해봤습니다. 그런데 의외로 BTS를 글로벌에서 활용한 브랜드 중 제대로 큰 성공을 거둔 사례가 별로 없었습니다. 국내에서는 그래도 몇몇 브랜드가 있었는데, 그것마저 40~50대가 구매할 만한 고가 브랜드에 엄청난 물량 공세를 펼친 케이스라 BTS 자체의 매력이 핵심 타깃에게 제대로 어필한 결과인지 확신할 수 없었습니다. 하지만 글로벌에서는 매체비가 비싸고 분산되어 있어 국내에서와 같은 물량 공세가 어렵잖아요. 그러니 광고 한 편 찍어서 주요 국가의 주요 매체에 찔끔 올리는 활동에 그친 정도라 딱히 대단히 성공했다고 보기는 어려웠죠.

특히 글로벌 캠페인을 진행한 사례를 보면, 타깃과의 소통보다는 그냥 자기가 하고 싶은 제품 자랑을 일방적으로 발신하는 방식, 소위 '옛날식' 캠페인을 진행한 경우가 많았거든요.

장표로 한번 정리해보았습니다. 우리가 생각했을 때 가장 바람직하지 않은 케이스는 LG와 현대였습니다(죄송^^). 이들은 셀럽을 '병풍'처럼 그냥 뒤에 세워놓고 제품을 맨 앞에 '짠'하고 등장시키는 옛날식 광고를 답습했습니다. 물론 현실적 제약이 있었겠지만, 정말 큰돈을 들여서 마케팅하는 건데 아쉬움이 많더라고요.

그래도 우리가 중간 정도는 했다고 판단한 브랜드는 푸마와 코카콜라였습니다. 푸마는 BTS 스페셜 에디션을 만드는 식으로 활용했고, 코카콜라는 사전 준비를 통해 패키지에 얼굴을 집어넣었죠. 광고를 못 보더라도 어쨌든 매장에서는 얼굴을 통해 브랜드와 연결시킬 수 있었죠. 이런 식으로 브랜드와 셀럽이 어느 정도 화학적·물리적 결합이 이루어지면 아미(ARMY) 입장에서도 훨씬 더 애착을 갖고 그 브랜드를 대할 가능성이 커지겠죠.

마지막으로, 가장 성공한 케이스는 라인 프렌즈가 아니었나 싶습니다. 라인 역시 카카오처럼 젊은 층의 마음을 파고드는 캐릭터를 만들고 활용하는 데 일가견이 있는 브랜드잖아요. BTS 멤버를 가지고 캐릭터를 만들어 굿즈 판매를 하고 전시도 하는 등 다양하게 활용했죠. 오히려 미디어 광고는 거의 하지 않은 것으로 알고 있습니다. 하지만 팬들이 알아서 정보를 찾아 자기들끼리 공유하고, 이태원에 있는 라인 스토어에 전 세계 다양한 국가와 인

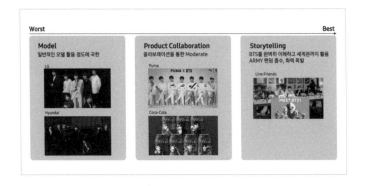

종의 20대 여성들이 문전성시를 이루며 굿즈 제품을 구매하려고 줄을 서곤 했죠. 다른 브랜드 대비 이 캠페인을 아는 사람 또는 본 사람이 수적으로 적을 수는 있어요. 하지만 그러면 어떻습니까. 누가 뭐래도 핵심 타깃층이 알아봐주고 좋아하는데요.

중요한 것은 실천

앞서 소개한 내용은 처음 미팅을 진행했을 때 공유한 자료 중 일부입니다. 그 이후에도 꽤 긴 기간 동안 수차례 논의하고 아이디어를 개발 및 제안했습니다. 최종 결과물은 저도 나중에 미디어를 통해 확인했는데, 조금 실망스럽긴 했습니다. 어쨌거나 그 캠페인을 통해 조금이라도 핵심 타깃의 마음이 움직였기를 기원해봅니다.

이 사례의 핵심은 젊은 세대일수록 글로벌 타깃의 공통적 특징이 커진다는 점입니다. 이들에게 어필할 수 있는 성공 공식은 분명히 있습니다. 물론 새로운 시도를 하려면 노력과 에너지가 훨씬 더 많이 들어가고, 위험 요소도 많이 생기죠. 하지만 세대가 바뀌면 브랜드도 바뀌어야죠. 고객의 마음속을 파고드는 포인트는 분명 있는 것 같은데, 과연 이것을 하느냐 마느냐는 브랜드의 용기 문제가 아닐까 싶습니다.

사례 2 2016년 중국 오리온 말차파이 캠페인

오리지널 빨간 맛에 이은 시장 확장 노림수

두 번째 사례는 2016년에 진행한 중국 오리온 말차파이 캠페인입니다. 오리온엔 모두에게 익숙한 빨간색 오리지널 제품이 있죠. 그런데 이 제품의 이미지는 처음부터 주로 어린아이들이 먹는 제품으로 포지션되어 있었어요. 그렇다 보니 시장을 키우기 위해서는 어른스러운 취향의 맛도 필요했죠. 그래서 덜 달고 어른들도 즐길 수 있는 맛의 말차(녹차)파이 제품을 론칭하기로 했습니다.

론칭 캠페인의 핵심 과제는 물론 말차 파이를 주인공으로 내세우는 것이지만, 그렇다고 오리지널 제품을 잊어서는 안 되는 일명 '두 마리 토끼 잡기'를 해야 했습니다. 가령 광고 화면에 날씬한 20대 여성이 나와 말차파이를 먹는 장면만 나오면 기존 빨간 오리지널 제품의 이미지가 희석될 걱정이 있었던 거죠. 그래서 결국 두 가지 제품 모두를 한 가족이 즐기는 모습을 연출하고, 그것이 공감을 얻어 그 둘을 한꺼번에 구매하도록 하는 것을 목표로 잡았습니다.

초코파이 메인 타깃은 1980년대생(80후)

오리온 초코파이의 메인 타깃은 10세 전후의 자녀를 가진 30대 부모입니다. 당시 중국의 30대 부모는 앞서 세대론을 언급할 때 얘기한 1980년대생(80후)입니다. 개혁개방의 1세대로 한국의 X세대와 유사한 특성을 보이죠. 젊은 시절에는 우리나라 X세대처럼 강한 자의식으로 '역사상 최초의 개인주의자' '전통적인 생각을 거부하는 반항아'라는 호칭을 얻었습니다.

그런데 이들이 나이가 들어 결혼을 하고 생활인이 됐죠. 문제는 이전 세대하고 간극이 굉장히 크다는 겁니다. 아버지 세대는 하나같이 보수적이고 한마디로 '옛날 중국 사람'인데, 본인은 그런 사람이 되기 싫고, 서구 드라마나 영화에서 본 것처럼 다정하고 친구 같은 아빠가 되고 싶은데, 막상 어떻게 해야 할지 잘 모르겠는 게 문제였죠.

1980년대생(80후)의 변화

젊은 시절, 80후

'한한'으로 대변되는 개인주의 반항아
작가, 카레이서, 광고 모델 등
"나의 이상한 나라, 중국" 집필

결혼한 생활인, 80후

'우리 아버지같은 권위적 아빠가 아니라,
다정하고 친구 같은 아빠가 되고싶다'
그런데 어떻게 하는지는 잘 모르겠다

중국 후난 위성TV에서 제작, 시리즈5까지 나올 정도로 초대박 인기를 끈 중국판 〈아빠! 어디 가?〉

〈아빠! 어디 가?〉 열풍의 이유

중국 후난 위성TV가 우리나라에서 유행한 〈아빠! 어디 가?〉 포맷을 중국에 가져다 프로그램을 만들어 엄청난 인기를 끌었죠. 그 이유를 들여다보면, 다양한 상황 속에서 아빠와 아이들의 실제 에피소드가 나오는데, 시청자들이 보기에 본인의 생활에서 참조할 만한 사례가 많은 거예요. 아빠의 애정과 관심은 적절히 표현하면서 예절과 공중도덕을 잘 지킬 수 있는 효과적인 현장 공부법이랄까. 그렇다 보니 시리즈 5탄까지 나올 정도로 그 세대 엄마 아빠들에게 선풍적 인기를 끌었습니다.

3하오 아빠

중국에서는 1980년대생 아빠들 중 최고의 이상형을 '3하오(好) 아빠'라고 얘기합니다. 말 그대로, 3개가 좋은 아빠여야 한다는 거죠. 가장 먼저, 일단 직업이 좋아서 돈을 많이 벌어야 합니다. 두 번째는 성격이 좋아서 아내와 자식에게 잘 해야 하고, 세 번째는 요리까지 잘해야 합니다. (중국은 남편이 집에서 요리하는 경우가 많습니

2015년 방영
사교육에 열심인 호랑이 엄마,
인성 교육이 중요하다고
주장하는
고양이 아빠 이야기로
공감물이

중국영화학원 교수이면서
배우로도 활약했던 황레이는
특히 가장 대표적인
산하오 아빠(三好爸爸
좋은 직장/자상한 성격/
요리 잘하는
남편이자 아버지)로,
국민아빠 칭호.

다.) 너무 좋죠. 정말 중국인다운, 실용적인 관점인 것 같습니다.

대표적 사례가 2015년에 방영된 드라마 〈호랑이 엄마, 고양이 아빠〉에 나오는 아빠입니다. 성격이 부드러워 아내와 아이 사이에서 맘고생을 많이 하지만, 그래도 꿋꿋하게 자녀의 인성 교육에 매진하는 바람직한 아빠죠. 또 하나는 베이징영화학원 교수이자 배우로도 활약했던 황레이입니다. 말 그대로 좋은 직장에, 자상한 성격, 요리 잘하는 남편 그 자체죠.

마라 맛 엄마

그런데 문제는 그들의 아내, 즉 80후 엄마들이에요. 가정 내에서 이전 세대에 비해 여성의 발언권이 세지면서, 결혼 전의 그 당당함을 잃지 않은 아내가 비교적 많은 것 같습니다. 가정 내 경제권도 여성이 더 많이 갖고 있고, 물건 구매 주도권도 여성에게 더 있죠. 그래서 마케팅 타깃을 여성으로 정하는 경우가 많습니다. 그들은 주관이 굉장히 분명하고 당당한 스타일입니다. 당시 '라마'라는 말이 유행했는데, 여기서 '라(辣)'가 마라탕의 '라'거든요. 그러니까 '매운 맛 엄마'라는 뜻인 거죠.

당시 기획서를 쓰면서 알게 된 것인데 이 1980년대생 엄마들은 부모 공양하고 남편 내조하고 아이를 위해 희생하는 예전 엄마들과는 정반대 성향이었어요. 부모로부터 금전과 자녀 양육의 도움을 받고, 남편도 가사를 분담해주니까 양쪽으로부터 큰 도움을 받는 형태인 거죠. 반면 아이 돌볼 시간이 없을 만큼 바빠 그냥 물질적인 사랑만 주는. 그래서 정서적으로 공감대를 형성하는 게 어려운 상황이었죠.

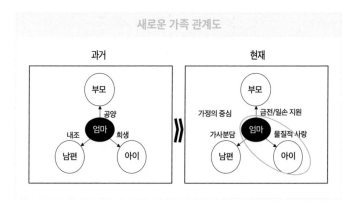

그런데 이게 마냥 좋은 건 아니었던 것 같아요. 왜냐하면 아내가 자기주장을 강하게 하다 보니, 남편이 아내를 약간 무서워해 사이가 틀어지는 부작용이 있었단 말이죠. 그래서 부부생활

이 좀 더 따뜻하고 낭만적이었으면 좋겠다는 바람을 갖게 되었고, 이것이 자기반성보다는 남편이 좀 더 자상했으면 좋겠다는 로망을 갖게 되는 쪽으로 변화된 것 같습니다.

그렇다 보니 소위 '이상적인 남편상' 캠페인이 유난히 많았습니다. 여자가 주력 소비층이니, 이들에게 그럴 듯하게 보여야 지갑을 열잖아요. 요컨대 '사랑스럽고 현명한' 아내보다 '자상한' 남편, 별로 신경을 안 써도 잘 자라준 아이, 이런 것들을 이상적으로 생각하는 소비자가 많았다는 것이죠.

'자상한 아빠, 잘 자란 아이'라는 로망 실현

핵심 타깃 엄마들이 가지고 있던 '자상한 아빠, 잘 자란 아이'라는 로망은 당시 오리온 입장에서는 매우 괜찮은 인사이트였던 것 같습니다. 그래서 오리온 말차파이 캠페인에도 '자상한 아빠, 잘 자란 아이' 구도를 그대로 옮겨와 엄마 아빠가 모두 행복해하는 광고를 만들어보기로 했죠. 모델은 앞서 언급한 '국민 아빠' 황레이와 그의 딸로 정했고요. 아빠는 전형적인 3하오, 딸은 외모도 예쁠뿐더러 의젓하고 반듯하게 자라서 성품까지 좋으니 우리의 콘셉트와 딱 맞아떨어졌죠.

성공적인 오리온 말차파이 캠페인

일은 일사천리로 진행되었습니다. 모델 파워에 기대는 것이니 스토리 자체는 단순했죠. 아빠는 성인 취향의 말차파이를 맛있게 먹고, 딸은 달콤한 빨간 초코파이를 먹다가 어른스럽게 자신의 덜 달고 초코맛이 강하지 않은 어른 취향의 신제품 말차파이를 맛있게 먹는 아빠, 그리고 달콤한 빨간파이를 먹다가 너그럽게도 아빠에게 양보까지 하는 어른스러운 딸

마침 딸의 예명이 뚜어뚜어(多多)라 카피에도 활용 〈인이 있으면 더 많이 나눈다: 心中有仁分享多多〉

것을 나눠주고, 바깥에 있는 더 많은 사람들과도 함께 나누어 먹는 스토리였습니다. 마침 딸의 예명이 우리말로 '다다(多多)', 중국말로 '뚜어뚜어', 그러니까 '더 많이'였거든요. 그래서 이를 아예 슬로건으로 녹여 "인(仁)이 있으면 더 많이 나눈다"는 캠페인으로 진행을 했습니다.

반응은 기대한 대로 꽤 좋았고, 신제품 매출도 좋았습니다. 사실 브랜드 익스텐션이 그렇게 쉬운 일은 아닌데, 공을 들인 만큼 굉장히 성공한 캠페인이었던 것 같습니다.

이 프로젝트를 진행하면서 동양 문화권에는 확실히 공감대가 있는 것 같다는 걸 느꼈고, 나중에 베트남에서 오리온 프로젝트를 할 때도 유사한 정서를 발견할 수 있었습니다. 아마도 비슷한 문화적 경험을 한 세대라서 그런 것 아닌가 싶습니다.

한국의 타깃을 이해할 때도 마찬가지인 것 같아요. 한국 내에서만 비슷한 내용의 미디어를 접하다 보면 어느 정도 일정한 패턴이 보이는데, 이걸 외국 미디어 관점에서 살피면 또 새로운 것을 포착하기도 하거든요. 우리가 잘 몰랐던, 오히려 우리와 좀 더 잘 맞는 포인트 같은 것 말입니다.

예를 들면, 한국의 젠지 세대에 대해 외신이 보도한 내용을 찾아보세요. 그러면 우리가 일반적으로 이야기하는 것 말고 새로운 시각이 분명 존재한다는 걸 알 수 있습니다.

그리고 온라인에는 다양한 국가의 젊은 세대 정보가 많이 있습니다. 가령 일본에 진출하려 하는데 일본의 젊은 세대가 궁금하다면 온라인의 다양한 매체에 접근해 여러 가지 시각을 검토하고, 그중 자기 제품의 카테고리에 맞는 인사이트를 얻어내면 좋겠죠.

중국의 세대 연구 전문 회사, 청년지

당시 중국에는 '청년지(Youthology)'라는 인상적인 회사가 있었습니다. 2012년경 중국인과 외국인 마케터가 함께 만든 회사인데 마케팅의 핵심 타깃인 젊은 층의 인사이트를 찾아주는 업무를 했죠. 당연히 중국에 진출한 외국 회사들의 관심을 많이 받았고, 중

중국에서 인상적이었던 회사 [Youthology :청년지]
이슈별 리포트 출간 + 개별 브랜드에 맞는 리서치 통해 인사이트 발견

趋势洞察

출처: 청년지 홈페이지

국 본토 브랜드 역시 더 확실한 고객 이해를 위해 줄을 섰습니다. 그 회사는 기본적으로, 젊은 세대를 분석해 이슈별로 리포트를 내고 유료 판매를 했습니다. 영어 버전도 있었는데, 재미있고 감각적이면서 동시에 깊이 있는 통찰력이 느껴져 비용이 아깝지 않았습니다. 또한 프로젝트 단위로 화장품이나 전자제품 카테고리 등 경쟁이 치열한 영역에서 품목에 맞는 인사이트를 추출할 수 있도록 정성·정량 조사를 진행해주기도 했습니다. 가격이 상당히 비쌈에도 불구하고 많은 클라이언트가 신뢰하고 의지했던 회사로 기억에 남습니다.

그 시절 한국에는 그런 회사가 없었죠. 지금은 '대학 내일'이

라고 비슷한 포맷의 회사가 있긴 하지만요. 등록을 하면 MZ세대 관련 뉴스 레터와 트렌드 리포트를 받아 볼 수 있고, 프로젝트 단위로도 일하는 것으로 알고 있습니다. 결론적으로, 우리 주변엔 이미 세대의 특성을 파악할 수 있는 데이터가 수없이 많다는 겁니다. 이를 더 잘게 나눠 보고, 더 깊게 이해하려고 노력함으로써 더 정확하고 상황에 맞는 인사이트를 발견하는 것이 중요합니다.

이렇게 타깃을 제대로 이해하기 위한 외부 리서치의 효과적 활용 측면에서 '세대'라는 관점도 고려해보길 권합니다.

사기꾼이 되지
않으려면, 이론

06

Theory

'마케터는 사기꾼'이라는 이야기를 가끔 듣는다. 상황에 따라 다른 말을 한다는 이유로. 하지만 상황이 다른 데 늘 같은 말을 한다면 오히려 그게 더 문제 아닌가?

그때그때 답이 달라지는 것은 상황이 다 다르기 때문이다. 마케터가 사기꾼이라서가 아니라, 상황에 맞는 더 좋은 솔루션을 내기 위해 고민하기 때문이다. 그리고 다양한 상황에 맞는 좋은 솔루션을 내기 위해서는 적용할 수 있는 프레임이 많으면 많을수록 좋다.

마케팅엔 정답이 없다?

주변에 "마케팅을 싫어한다"는 사람이 꽤 있어요. 특히 자기가 경영학과 출신인데, 소위 '숫자(재무, 회계 등)' 쪽 일은 해도, 마케팅 쪽 일은 하지 않겠다는 젊은 친구도 드물지 않게 만나곤 합니다. 왜 그러냐고 이유를 물어보면, "마케팅하는 사람들은 그때그때 말이 달라서 신뢰가 안 가요. 그리고 목소리 큰 사람이 이기는 것 같아요"라고 대답하는 친구도 보았습니다.

요컨대 "(원칙이 없어서) 실제로 하기 어려울 것 같다"고 생각하는 겁니다. 흔히 "마케팅은 코에 걸면 코걸이고, 귀에 걸면 귀걸이다"라는 이야기도 있지요.

하지만 제 생각은 다릅니다. 어디에나 들어맞는 단 하나의 정답 같은 것은 없지만, 언제든 최선의 답은 있게 마련입니다.

마케팅이란 상황에 맞는 최선의 답을 찾는 지난한 과정

그렇지만 그 최선의 답을 찾는 과정이 매우 힘들죠. 보통은 지위가 높은 의사 결정권자 한 사람의 감을 믿고 전체가 수직적으로 오와 열을 맞춰 한 방향으로 매진하는 일이 벌어지는데, 지나고 보면 잘못된 판단일 때가 많습니다.

너무 교과서적인 이야기인지 모르지만, 회사 내에서 다양한 분야의 의견을 깊이 듣고, 회의를 통해 그러한 의견을 발전시킨 다음, 경험 많고 성공률이 높은 전문가(의사 결정권자이면 제일 좋겠지요)가 결정하는 게 대체로 실패 확률이 낮습니다. 제가 경험한 몇 가지 잔인한 실패 사례는 매우 강력한 카리스마를 가진 클라이언트 최고위층의 감으로 일사천리로 일이 진행된 경우가 대부분입니다.

가장 나쁜 상황은 윗사람이 자기가 했던 몇 개의 성공 케이스에 집착하는 경우가 아닐까 합니다. "내가 옛날엔 이렇게 했는데 말이야"라는 식이죠. 특히 직급 높으신 사람이 이렇게 얘기하면 배가 산으로 가는 경우가 많은 것 같아요. 옛날과 지금은 분명 상황이 다르고, 또한 제품 카테고리도 차이가 있고. 심지어 브랜드의 위상 차이도 있는 거잖아요. 사실은 이런 디테일한 조건을 세밀하게 검증해보는 작업이 중요하거든요. 절대 자만해선 안 됩니다. 저 같은 경우도 예전에 비슷한 프로젝트를 경험해봤다고 해서 그때 솔루션을 가져다 비슷하게 쓰면 되겠지 하고 접근할 때가 있습니다. 다행히 대부분의 경우 그게 아니라는 걸 중간에 깨닫지만요. 그러니 여기저기 다 먹히는 전가의 보도 같은 것은 절대로 믿지 마세요. 그때그때 새로 시작하는 마음으로 맨땅에 헤딩하는 자세가 굉장히 중요합니다.

두 번째 나쁜 케이스는 자기 확신이 강한 실무자의 스타일에 휘둘리는 상황입니다. 첫 회의부터 "직관적으로 이거 같아"라고 우기는 사람이 있을 경우, 그런 분위기에 휩싸여서 프로젝트가 진행되는 경우도 없지 않아 있습니다. 그렇지만 처음에는 모두가 겸허하게 진짜 뭐가 문제인지 현장에 있는 여러 사람의 얘기를 다면적으로 들어보는 것이 중요하거든요. 겸허한 마음, 문제를 크게 제대로 판단하려는 노력이 중요합니다.

제대로 된 마케터라면 이론과 실전 모두 겸비해야

어떤 상황이 닥쳐도 믿고 신뢰할 수 있는 마케터가 되려면, 본인 스스로 경험에서 체득한 것이 많은 것도 중요하지만, 이론적으로 프레임이 다양하게 정비되어 있어야 훨씬 더 단단해집니다.

저는 꽤 긴 시간 마케팅을 해오면서 갖가지 이론과 책의 도움을 많이 받았습니다. 그 사이에 패러다임도 여러 번 바뀌었죠. 크게 보면 고전적 마케팅 이론에서 비롯된 제품 USP(Unique Selling Proposition) 중심 광고에서 시작해, 어느 순간 제품 차별화가 어려워지니 감성광고가 대유행하며 고객 인사이트 발견 차원에서 인문학이나 브랜딩 이야기가 판을 휩쓸기도 하고, 그와 동시에 실용적 미디어 집행 효율성을 강조하는 IMC 이론이 부상하기도 했습니다. 매스미디어 광고만으로는 브랜드 차별화가 힘들어지자, 체험이나 리테일 현장에서의 마케팅에 주력하는 방향으로 논의의 장이 바뀌기도 했고요.

최근 10년 동안에는 고객의 막연한 머릿속보다 실제 행동 패턴에 더 관심을 쏟는 행동경제학의 영향으로 퍼포먼스 마케팅 전성시대가 왔고요.

마케팅 영역에서 시대의 획을 그은
일곱 권의 책

첫 번째로 추천할 책은 고전 마케팅의 기본 중 기본인 필립 코틀러의 《마케팅 매니지먼트》. 제게는 개인적으로 가장 소중한 책입니다. 1990년대 초반, 처음 회사에 입사했을 때 저의 멘토였던 자상한 부장님께서 선물로 영어 원서를 사주셨죠. 그러면서 "너는 경영학과 전공이 아니니까 한 세 번은 읽어야 한다"고 말씀하셨

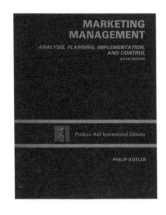

모든 분야 마케터의 필독서
필립 코틀러 《마케팅 매니지먼트》

습니다. 진짜로 숙제 검사도 했고요. 첫 직장, 첫 책이었으니 저도
꽤나 진지하게 읽었죠. 말 잘 듣는 착한 신입 사원이라 줄도 긋고
포스트잇에 메모도 하면서 정말 세 번을 읽었습니다. 그 후로도
필요한 일이 있으면 부분별로 다시 찾아 사골곰탕처럼 우려먹는
책입니다.

두 번째 추천서는 1990년대 당시 마케팅이나 캠페인 기획서
를 제대로 좀 쓴다 하는 사람은 누구나 봤던 알 리스 & 잭 트라
우트의 《마케팅 불변의 법칙》이죠. "중요한 것은 제품이 아니라
인식이다"라는 유명한 말을 남긴 책입니다. 22개의 법칙 중 "최고
가 되기보다 최초가 되라"는 이야기가 있는데, 지금 생각해도 진
리 같은 금언입니다.

세 번째로, 빼놓을 수 없는 책이 데이비드 아커의 《브랜드 리
더십》입니다. 2000년대 들어 브랜딩에 대한 이야기가 활발하게

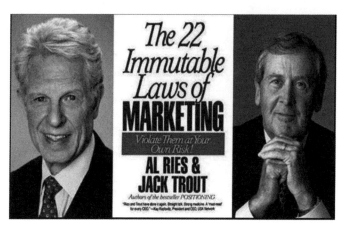

알 리스 & 잭 트라우트 《마케팅 불변의 법칙》

나올 때 교과서처럼 읽던 책입니다. 소개하는 사례가 좀 올드해 보일 수 있지만, 브랜드와 관련된 대부분의 주요 개념을 정리해놓 았죠. 브랜드에 대한 고민이 있을 때 한번 죽 읽어보면 의외로 새 로운 아이디어가 나올 수 있습니다.

이와 더불어 브랜드 관련 인사이트 광고의 원조에 대해 알고 싶으면, 존 스틸의 《진실, 거짓 & 광고》를 읽으면 좋을 것 같고, 깊 이 숨겨진 소비자 인사이트를 추출하는 정성적 조사 기획과 기법 에 대해 알고 싶다면 리사 포르트니 캠벨의 《광고전략 워크북》이 유용합니다.

네 번째 추천 책은 IMC(Integrated Marketing Communication) 관련 책입니다. 브랜드 논의와 비슷한 시기에 혜성처럼 등장한 개 념인데, 지금도 많은 사람이 IMC를 막연히 여러 가지 미디어에

브랜드 기획자 필독서
데이비드 아커 & 에릭 요컴스탈러 《브랜드 리더십》

캠페인을 노출하는 정도로만 인식하고 있습니다. 그런데 사실 이 접근의 핵심은 '측정'의 문제입니다. 원래 마케팅과 광고의 문제가 돈은 엄청나게 쓰는데 그 효과는 제대로 검증하기 어렵다는 점이잖아요. 인지도와 선호도는 올릴지 몰라도, 당장 매출로 연결되기는 어려운데, 그럴 경우 도대체 무엇으로 광고비에 대한 근거를 만들어야 할까요?

저자인 돈 슐츠가 대행사 미디어 플래너 출신이다 보니 일하면서 이런 질문을 많이 받았을 테고, 그 결과 꾸준히 데이터를 모아 실제 수치로 효과를 검증해내려는 노력을 담은 책이 《IMC》입니다. 크게 보면, 최근에 화두가 된 퍼포먼스 마케팅의 시초가 아니었나 생각합니다.

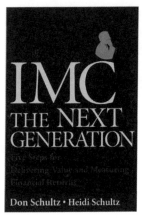

캠페인 기획자 필독서
돈 슐츠 & 하이디 슐츠《IMC》

체험 마케터 필독서
번트 슈미트《체험 마케팅》

다섯 번째는 번트 슈미트의《체험 마케팅》책 이야기를 하지 않을 수 없지요. 체험 마케팅은 2010년경부터 업계에서 화두가 되었던 것 같습니다. 소비자의 인식과 경험치가 쌓이면서, 이제 일방적 메시지 전달형 광고로는 감동도 설득도 어려워진 거죠. 그래서 실제 고객과 만나는 체험 현장에서 입체적으로 브랜드 콘텐츠를 선보이고, 상호 소통도 활발하게 해야 한다는 논의가 시작되었습니다. 원래 마케팅업계에서 이벤트, 브랜드 스토어, 리테일 같은 영역은 메인 스트림이 아니고 변방 같은 느낌이 있었는데, 시대가 바뀐 거죠. 이 책은 읽기에 조금 난해하긴 하지만, 그래도 원조이니 기회가 되면 한번 훑어보길 권합니다.

여섯 번째는 리테일 마케팅 분야 책입니다. 소비자(Consumer)

리테일 마케터 필독서
파코 언더힐 《쇼핑의 과학》

라는 뭉뚱그려진 개념을 넘어 실제 현장의 구매자(Shopper)라는 구체적 개념을 제시하고, 어떻게 하면 그들의 행동을 유발하고 지갑을 열게 할 것인지를 고민하는 것이 리테일 마케팅이죠. 단순히 제품을 많이 올려놓기 위한 진열 방식이나 예쁜 인테리어 연구가 아니라, 매장에 들어선 사람들의 마음을 제대로 읽고 그들을 효과적으로 공략하기 위한 총체적 구매 경험 연구가 본격화한 것입니다. 하지만 별로 연구된 적이 없어서 고민하던 차에 파코 언더힐의 《쇼핑의 과학》이 나왔고, 실제 이 분야 마케터에게 유용한 실질적 조언을 많이 담고 있습니다. 앞서 IMC나 체험 마케팅 영역이 그러하듯, 이제는 개념적이고 추상적이면서 다소 고고한 브랜딩이나 정서적 가치 개념이 아니라, 현실 속에서 실용적이

요즘 마케터 필독서
리처드 탈러 & 카스 선스타인 《넛지》

고 구체적인 자본적 가치에 점점 더 민감해지는 하나의 큰 트렌드를 보여줍니다.

마지막으로 일곱 번째 추천 책은 최근에 가장 유행했던 행동경제학의 관점을 널리 알린 《넛지》입니다. 기존의 고전경제학에서는 소비자가 합리적 의사 결정을 한다고 가정한 반면, 행동경제학 이론에서는 사람들이 의외로 합리적이지 않으며 오히려 그때그때 기분과 상황에 따라 선택하고, 오히려 스스로를 합리화하는데 논리를 활용한다는 것이죠.

그러면서 마케팅의 역할은 무슨 거대한 담론과 대단한 프레임워크가 필요한 게 아니라, 실제 소비자의 판단과 구매 맥락 속에서 콘텍스트 구성을 정교화하는 쪽으로 진화해야 한다는 결론에 도달하지요. 마침 이것이 빅데이터, 행동 데이터와 결합하며 그럴듯한 모양이 갖추어집니다. 큰 전망보다는 단기적 이익을 점점 더 중시하는 기업의 경영 흐름과 맞물리면서, 현재 전체적인 마케팅의 큰 흐름을 주도하고 있기도 합니다.

책 추천을 하면서 살펴봤지만 마케팅의 큰 흐름으로 보면, 대체로 개념적이고 원론적인 논의에서 조금씩 조금씩 판매 현장으로 마케팅의 장이 진화하고 있다는 걸 알 수 있습니다. 하지만 일부만 알아서는 곤란하겠죠.

한 사람의 마케터로서 정말 제대로 된 솔루션을 내기 위해서는 가장 기본적인 것부터 최근의 이야기까지 다 파악하고 접근하는 것이 책임 있는 자세라고 생각합니다. 최근의 실용적인 접근법만 알고 있다면, 차별화도 안 되고 제대로 된 답도 낼 수 없을 겁니다.

업계에서 배우는 한 수

학계가 아닌 업계에도 강자가 있죠. P&G 같은 경우는 '마케팅 사관학교'라는 이야기도 하는데, 나름 그 회사만의 마케팅 프레임워크가 있습니다. 저는 이것을 책이 아니라, 이 회사 출신의 클라이언트 분께 구박을 받아가며 어깨너머로 배웠습니다. 여러 가지가 있지만 그중 활용도 높은 프레임을 하나 간단히 소개하자면, FOR(Frame of Reference)과 POP(Point of Parity), POD(Point of Difference)라는 개념입니다. FOR은 사람들이 생각하는, 이 브랜드가 속해 있는 군(群)을 말합니다. 예를 들어, 삼성전자의 '비스

FOR
(Frame of reference)

POP
(Point of Parity)

POD
(Point of Difference)

포크 냉장고'라고 하면, 당연히 '냉장고'군에 속하겠지요. POP는 이 카테고리 내에서 가장 중요하지만 다들 이미 갖추고 있어서 차별화가 안 되는 요소를 말합니다. 반면, POD는 자기만의 독특한 차별화 포인트를 말하죠. 앞서 예로 든 비스포크 냉장고의 경우라면, 처음 론칭 당시의 '우수한 냉장 기능'은 이 카테고리 내의 경쟁자들이 모두 갖춘 요소이고, 차별화 포인트는 '당신 주방에 맞는 아름다운 디자인'이었죠. 간단한 개념이지만, 전체 경쟁 구도에서 어떤 포인트로 고객의 인식을 파고들지 정리할 때 깔끔한 틀이 되어줍니다.

그런데 이제 시간이 흘러 디자인이 냉장고 시장의 보편적 가치가 되어버렸죠. 따라서 비스포크는 또 다른 차별화 포인트를 내세울 수밖에 없는데, 2023년의 경우에는 시대의 흐름에 맞춰

'절전 가전'이라는 메시지로 소구를 하고 있습니다. 이런 식으로 마케팅은 정해진 어떤 룰이 있는 게 아니라, 그때그때 상황에 따라 포인트가 바뀔 수 있다는 걸 명심하면 좋을 것 같습니다.

4분면 매트릭스 활용 마니아

살짝 고백하자면 저는 사실 4분면 매트릭스 활용을 굉장히 좋아합니다. 제가 제일 처음 마케팅에 눈 뜬 필립 코틀러의 《마케팅 매니지먼트》의 영향 때문일 수도 있고, 기획의 결과물이라는 게 어차피 개념적인 것이라 이것을 어떻게 하면 한눈에 알아볼 수 있게 표현해서 잘 전달할 수 있을까 생각하다 보니, 그래도 가장 쉬운 방법이 매트릭스인 것 같다는 믿음을 갖게된 것 같습니다. 초반에 열심히 작업해서 어느 정도 방향이나 개념이 잡히면, 연필로 종이에 낙서하듯 이 그림 저 그림 그려보면서 어떻게 매트릭스로 만들 수 있을까 고민하곤 하지요.

이 매트릭스를 십분 활용했던 비교적 최근의 사례 세 가지를 소개하고자 합니다.

고전적인 포지셔닝 전략이 필요했던 상황

고전적인 포지셔닝 전략이 있습니다. 고객의 니즈 크기에 따라 2개의 축을 결정하고, 그곳에 고객의 세그멘테이션과 현재 브랜드의 포지션을 정한 다음, 시장 크기와 앞으로의 방향을 봐서 미래 브랜드 포지션을 찍는 과정을 거치죠. 정말 오래전에 나온 방식입니다. "요즘 세상에 그걸 누가 써?"라고 말할 수도 있지만, 업계의 패러다임이 바뀌어 새롭게 판을 짜는 경우에는 이 포지셔닝 전략이 여전히 유효하게 작용하는 것 같습니다.

예를 들어, 기존 내연 연료를 쓰는 고전적인 자동차 시장에서 전기차 시장으로 빠르게 변화하는 경우, 기존 자동차 시장과는 다른 판이 그려지니 이럴 때 고객의 생각도 많이 바뀌고 개별 브랜드 입장에서는 위기와 기회가 혼재하는 시기라고 할 수 있지요.

당시 클라이언트는 타이어 회사였는데, 일반 소비자가 타이어에 대해 그다지 적극적인 태도나 이미지를 가지고 있지 않고, 하물며 전기 자동차용 타이어라고 해서 더 특별히 뾰족한 이미지를 가지고 있기는 어렵다고 판단했습니다. 그래서 자동차 회사를 중심으로 맵을 그리고, 가치를 치환해서 활용하기로 결정하고 프로젝트를 시작했죠. 일단 좌표를 찍기 위해 전기차 시장부터 연구했습니다.

표를 보면 2000년 무렵부터 확실히 전기차 시장이 변곡점을 지나고 있죠. 57%의 보급률을 찍은 노르웨이를 필두로 덴마크와 프랑스가 8%, 영국이 7%의 수치를 보이고 있습니다. 중국과 미국은 각각 5%와 2%이고요. 기술 수용 곡선에서, 맨 앞단의 혁신 지향 리더급을 지나 인플루엔셜과 초기 수용층까지 서서히 확산하고 있는 상황이라고 볼 수 있습니다.

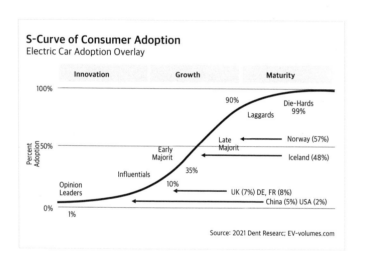

그런데 아직 현실화하지 않은 시장의 경우에는 실제 수치로 드러난 결과뿐 아니라 이 시장에 대한 사람들의 태도 지표가 매우 중요합니다. 이 카테고리에 신뢰감이 있고 전반적 태도가 긍정적이어야 미래 역시 긍정적으로 볼 수 있겠죠. 그리고 이러한 인

제품을 처음 만드는 브랜드가 아니라 **〉** 고객에게 새로운 인식을 처음 만드는 브랜드

사실, 전기차를 처음 시작한 것은 GM이었지만 **〉** 이제 소비자 인식 속 전기차의 리더는 테슬라

식의 결을 많이 결정하는 것이 바로 카테고리 리더 브랜드에 대한 판단입니다. 그런 의미에서 마인드 리더십이라는 용어를 사용하지요. 이는 일반적인 매출 수치로 따지는 시장 리더십과는 다른 맥락입니다. 전기차 시장을 보면, 실제 마켓 셰어(Market Share)로는 글로벌에서 16%밖에 차지하지 못하지만, 마인드 셰어(Mind Share, 최초 연상)로는 47%를 차지하는 테슬라가 마인드 리더십을 가진 대표 브랜드라고 할 수 있는 것처럼요.

정리하면, 리더 브랜드는 제품을 처음 만드는 브랜드가 아니라 새로운 인식을 처음 만드는 브랜드입니다. 그래서 전기차를 처음 시작한 건 GM이지만 소비자 인식에서 전기차의 리더는 테슬라라고 할 수 있습니다.

바뀌고 있는 자동차에 대한 생각-자동차는 이제 디바이스

그러면 리더 브랜드 테슬라가 이 전기차 시장을 어떻게 만들어가고 있는지 살펴보죠.

한마디로, 테슬라는 자동차가 이제 더 이상 예전의 차가 아니라 'IT 디바이스'라는 생각을 심어주고 있습니다.

어떻게 그게 가능할까요?

첫 번째로는 '자율 주행 기술'이라는 측면이죠. 입력된 수치와 가이드에 따라 자율적으로 움직인다는 개념은 전자제품, 컴퓨터, 로봇 같은 분야에서 보여주는 전형적인 기술 아닙니까? 이 기술이 자동차에도 가능하다는 것은 이제 '달리는 기계'에서 '생각하는 기계'로 변화하고 있다는 면모를 극적으로 표현해주지요. 지금 테슬라 전기차로 달리는 주행 기록이 모여서 장차 자율 주행 기술 구현의 밑거름이 되는 겁니다.

두 번째는 '소프트웨어'와 '업그레이드' 개념이 생겼다는 것이죠. 예전에는 차를 한번 사면 내비게이션 업그레이드 정도만 빼고 나머지 부품은 그냥 마모되면 갈아 끼우는 대체품이었잖아요. 하지만 전기차 시대에는 주차 기능이나 다른 전자제품과의 연동 등 새로운 기술이 생기면, 이미 구매한 차라도 지속적으로 소프트웨어 업그레이드가 가능하니 신기한 경험이 아닐 수 없습니다.

세 번째는 시각적으로 확인 가능한 레이아웃 변경이죠. 차라면 당연히 있어야 한다고 생각했던 복잡한 버튼을 과감히 생략한 조작부, 터치스크린으로 운영하는 직관적 UI, 기존 차량에서 느끼지 못하던 공간감과 엔진을 제외함으로써 확보한 드넓은 적재 공간을 보면 기존 차와는 차원이 다르다는 것을 금세 느낄 수 있습니다.

시장 변화에 따라 바뀌는 전기차 브랜드 축

이러한 전기차 시대의 새로운 기대와 변화된 표준에 발맞춰 움직이는 플레이어들은 기존 생각에서 벗어나 새로운 디바이스로 보

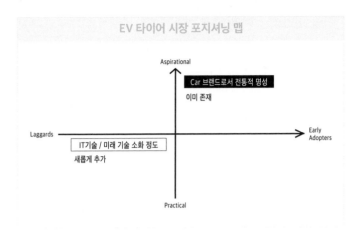

EV 타이어 시장 포지셔닝 맵

이기 위해서 노력하는 중입니다. 따라서 전기차 시장의 축은 기존 자동차 시장의 축과는 당연히 다르게 형성되고 있죠.

기존 자동차 시장은 어찌 보면 대단히 심플했어요. 가격대에 따라 실용적인 차부터 선망성 있는 차로 나뉘는 굉장히 수직적인 시장이고, 그 외에는 세단이나 SUV 같은 형태와 사이즈로 구분되는 단순한 시장이었죠. 그러나 이제는 '미래 기술'이라는 요소가 새롭고 중요한 축으로 들어오게 됐습니다.

이를 간단하게 정리해보면, 다음과 같은 축을 그릴 수 있습니다. 먼저 Y축은 '(전통적인) 차량 브랜드로서 명성'으로 놓고 볼 수 있죠. 위로 갈수록 열망성(Aspiration)이 올라가고, 아래로 내려갈수록 실용성(Practical)으로 기우는 구조입니다. X축은 IT 기술이나 미래 기술을 어느 정도 잘 받아들이느냐에 따라 확인할 수 있습니다. 오른쪽으로 갈수록 빨리 받아들이는 성향이 있고, 왼쪽

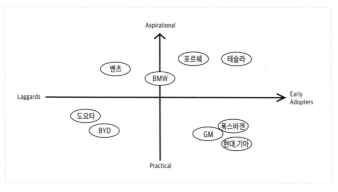

브랜드에 대한 열망성과 기술 수용 좌표에 따른 자동차 브랜드 포지션

으로 갈수록 늦게 받아들이는 성향으로 규정짓습니다.

이런 인식의 틀 속에서 브랜드를 위치시켜봤습니다. 테슬라는 어디에 놓일까요? 전통 차량으로서 브랜드 명성은 없지만 탁월한 퍼포먼스로 브랜드 열망성은 여타 명품 차량 브랜드에 비해서도 떨어지지 않죠. 또한 무엇보다 기술 수용성 측면에서 얼리 어답터들이 선호하는 브랜드입니다. 전통 차량 중에서는 포르쉐가 '카이엔'이라는 전기차 브랜드로 이 두 마리 토끼를 다 잡은 케이스였습니다. 반면 벤츠나 BMW 같은 브랜드는 기존 명성은 있지만, 전기차 시장에서의 리더십은 매우 떨어지는 상황이죠. 이런 식으로 브랜드 활동과 소비자의 일반적 인식에 기반해 브랜드 포지션을 찍는 것은 얼마든지 가능합니다.

타이어 브랜드 매핑

마찬가지로 타이어 브랜드도 매핑을 시켜보죠. 타이어 브랜드 중 전통적 강자는 미쉐린, 피렐리, 컨티넨탈, 브릿지스톤인데 그중에서도 미쉐린과 피렐리는 전기차 타이어를 굉장히 선도적으로 이끌고 있는 브랜드입니다. 저희가 클라이언트로 같이 일했던 모 타이어 회사는 브랜드 위상이 그다지 프리미엄이거나 열망을 받는 위치는 아니었어요. 하지만 마침 시장의 근본적인 판이 바뀌고 있으니, 기술이나 마인드에서 시장을 앞서가는 면모를 보임으로써 글로벌 브랜드 위상을 획기적으로 높이는 전기를 마련해보기로 했습니다.

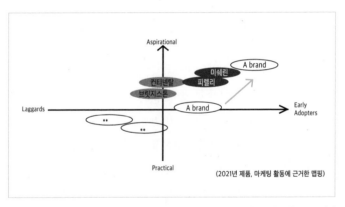

브랜드에 대한 열망성과 기술 수용 좌표에 따른 타이어 브랜드 포지션과 A 브랜드의 목표 포지션

그런 점을 염두에 두고 우리는 가장 대표적 시장인 미국 전기차 소비자를 기준으로 구체적 타깃 세그멘테이션 조사를 진행했습니다.

전기차 시장 세그멘테이션을 위한 주요 설문 항목은 앞서 설명한 축을 그대로 활용했습니다. 차량 기능과 브랜드 명성에 대한 관여도를 한 축으로 놓고, 전기차 등 신기술에 대한 관심을 기준으로 다른 한 축을 설정했습니다. 그 결과 4개 그룹으로 나뉘었는데, 자동차에 고관여층이면서 동시에 신기술에도 관심이 많은 층은 전체의 30퍼센트 정도를 차지했습니다. 우리는 이들을 '뉴 모빌리티 러버(New Mobility Lover)'라고 규정했습니다. 이들은 당연히 하이엔드 전기차 타이어 브랜드의 핵심 타깃이 되겠지요. 다음은 전기차 기술에 관심은 많은데 비용 면에서 실용적인 차를 선호하는 사람들의 비중이 대략 30% 정도인 것으로 나타났습니다. 우리는 이들을 중급 전기차 타이어의 타깃으로 설정했습니다. 반면, 전기차는 좀 위험하고 아직 검증도 안 되어 잘 모르겠다며 추후에도 옛날 스타일 내연기관차를 사겠다고 생각하는 사람도 여전히 40% 정도는 있는 것으로 확인했습니다.

이렇게까지 정리하고 나니 다음 방향이 꽤 분명해졌습니다. 미래 지향적 타이어 브랜드 입장에서 앞으로 전기차 타이어 시장을 선점하고자 한다면, 앞서가는 기술에 관심 있는 사람들에게 어필하는 게 중요하지요. 특히 이들 중에서도 고가 차량을 좋아하는 사람에게는 하이엔드 제품 라인업을 소구하고, 실용적인 차

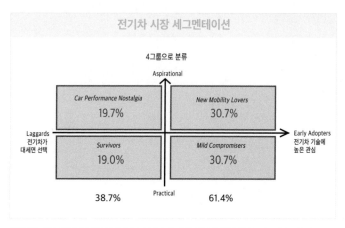

차량 기능과 브랜드 명성을 한 축으로, 신기술에 대한 관심을 다른 한 축으로 삼은 4분면표

량을 선호하는 쪽에는 대중적인 제품을 소구하면 맞아떨어지지요. 이런 구도에 맞춰 타깃별로 적절한 디지털 캠페인을 제안했던 사례입니다.

사례 2 2021년 미국 MLB 스폰서 캠페인 제안

팬클럽과 정서적 연대감을 만들기 위한 연결 고리 찾기

한국 브랜드 중에는 정말 제대로 글로벌화해 이름만 대면 알 만한 해외 스포츠 리그에 스폰서로 들어가는 경우도 있습니다. 제가 담당하던 한 클라이언트사가 미국 MLB(Major League Baseball)에 스폰서로 들어간 적도 있죠.

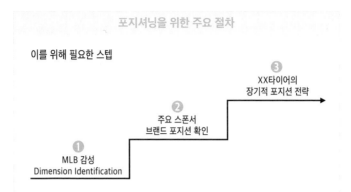

이를 위해 필요한 스텝

3 XX타이어의
장기적 포지션 전략

2 주요 스폰서
브랜드 포지션 확인

1 MLB 감성
Dimension Identification

스폰서 캠페인을 진행하기 위한 포지셔닝 절차

스폰서 권리는 따내는 것도 힘들지만 이를 활용하는 데도 엄청난 비용이 투입됩니다. 사실 들어간다고 다가 아니죠. 그다음에는 적절한 마케팅 투자를 통해 팬클럽과 소통하는 활동이 이어져야 합니다. 그 과정에서 인지도를 쌓고 긍정적 이미지도 만들면서, 심리적 애착감을 형성하는 것이 스폰서 마케팅의 가장 중요한 목표거든요.

"어떻게 정서적 유대감을 만들 것인가?"라는 과제를 받은 저는 제 강점을 살려 최대한 논리적으로 접근했습니다.

일단 첫 번째, MLB에서 효과적으로 먹히는 모든 감성 요인을 망라하고 이를 축으로 나눠봤습니다. 두 번째, 이 축 위에서 주요 스폰서들의 브랜드 포지션을 확인해봤습니다. 세 번째, 마지막으로 클라이언트사의 브랜드 비전과 제품 카테고리 특징을 고려해 적절한 포지션을 찍었습니다. 그런 후 그 방향에 맞춰 캠페인을 제안했죠. 역시, 앞에서 얘기한 대로 굉장히 포지셔닝적인 접근이죠?

이 사례를 구체적으로 살펴보겠습니다.

첫 번째 단계, 속성 정리와 축 설정

첫 단계이면서 가장 중요한 작업이 구체적 속성엔 어떤 것이 있는지, 그리고 이것을 어떻게 나눌지 하는 문제입니다. 일반적으로는 직접적인 소비자 조사를 통해 할 수 있습니다. 하지만 이 경우는 장소가 미국이고 MLB에 대한 꽤나 디테일한 인터뷰 등 정성 조사가 필요한 상황이라 직접 조사하기는 어렵다고 판단했습니다. 다행히 며칠간 열심히 검색한 덕에 관련 논문을 하나 찾아냈습니다. MLB로 좁힌 것은 아니지만, 일반적 스포츠 스폰서십에서 기대할 수 있는 감성을 정성 조사를 통해 망라하고, 정량 조사를 통해 검증까지 한 좋은 자료였습니다.

구체적으로 살펴보면 세 가지 측면이 있는데, 첫 번째는 플레이어의 스토리에 대한 개인적 애착을 통한 '인간적/공감(Human/Sympathy)', 두 번째는 다 같이 응원하고 즐기는 문화 속에서 즐거움을 체험하는 '놀이/즐거움(Paly/Fun)', 세 번째는 승부의 몰입에서 오는 '스포츠의 본질적 요소/경쟁 지향적 선수 정신(Sports/Athletics)'이었습니다. 하부 속성 차원에서는 꽤 다양한 단어가 나왔지만 최종적으로 이렇게 3개로 묶였는데, 생각할수록 괜찮은 분류였다고 생각합니다.

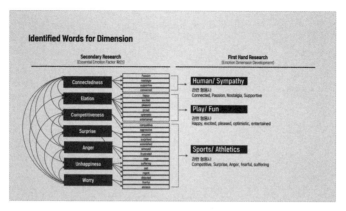

MLB 감성 스폰서 캠페인을 진행하기 위한 포지셔닝 절차 출처: 미국 스포츠 브랜드 이미지 분석 논문 자료 활용

두 번째 단계, 다양한 스폰서 회사 포지션 찍기

그렇게 정리한 3개의 축을 놓고, 그 위에 다양한 스폰서 브랜드의 메시지 방향성을 찍어보기 위해 주요 스폰서 20개의 광고물을 분석했습니다. 브랜드별로 최근작 2~3편을 보면, 그 회사의 메시지를 파악할 수 있죠. 그 결과를 포지션 맵 위에 찍어봤는데, 제품 카테고리별로 명확한 경향성이 보였습니다. 먼저, 마스터카드 등 금융 브랜드나 티모바일 기업 이미지 광고 등은 첫 번째 측면인 '인간적/공감' 방향에 위치해 있었습니다. 이미 어느 정도 자리를 잡고 있는 회사들이니 톡톡 튀는 이미지나 인지도 어필보다 고객과의 좋은 관계(Good Will) 형성을 목적으로, 감동을 주기 위해 노력하는 광고 캠페인이 주를 이루었습니다. 두 번째 측면에는 게토레이 등 식음료 브랜드에서 '놀이/즐거움' 이미지로

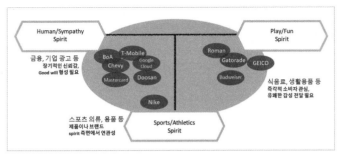

MLB 감성 포지셔닝 맵

소비를 자극하기 위해 노력했고요, 마지막으로 나이키 같은 스포츠 용품 브랜드는 '스포츠의 본질적 요소/경쟁 지향적 선수 정신' 요소를 자극하고 있었습니다. 어차피 인지도나 직접적인 제품 판매 목적이 아니므로, 브랜드의 본질적 스포츠 정신을 강조하는 것이 당연하지요.

세 번째 단계, 브랜드의 방향성 설정

당시 클라이언트사의 브랜드 가치는 '혁신, 도전 정신'을 강조했고, 아직 미국 내에서는 인지도가 낮은 상황이라 '재미'있는 캠페인 요소를 통한 캠페인 임팩트가 필요했습니다. 따라서 최종적으로는 '스포츠의 본질적 요소/경쟁 지향적 선수 정신' 축을 근간으로 '놀이/즐거움' 요소도 가미하는 방향으로 제안을 했습니다.

복잡해 보이지만, 사실은 매우 기본적인 포지셔닝 전략과 동일한 절차를 밟아 진행한 사례이므로 좋은 참고가 되리라 생각합니다.

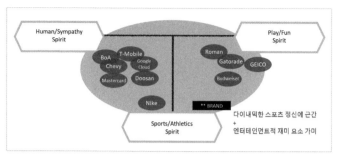

브랜드 포지션 제안

2021년 지식산업센터 공간 운영 전략

지식산업센터 입주민이 원하는 것

좀 특이한 프로젝트를 맡았습니다. 당시 붐이 일었던 '지식산업센터' 브랜드 내부의 공간 및 운영 콘텐츠를 입주민의 요구를 반영해 기획해달라는 것이었습니다. 평소 하던 일과는 좀 달랐지만, 굳이 못할 일도 아니다 싶었죠. 역시 믿을 만한 것은 제대로 된 매트릭스와 그중 중요한 걸 추려내 기준을 제대로 잡으면 되는 포지셔닝 기반 업무 방식이었습니다.

우리 타깃인 지식산업센터 입주민에 대해 알기 위해서는 입주사에 대한 이해가 우선인데, 자료를 통해 파악한 바로는 15인 이하 소형 기업과 스타트업이 대부분이었습니다. 그리고 이들의 특징은 조직 생활의 만족보다는 개인의 성장을 목표로 하는 경향이 뚜렷했습니다. 대략의 자료 리서치 후, 업계 전문가 인터뷰를 통해 최근 트렌드를 파악하고, 입주 대상자 인터뷰를 통해 개인적 경험과 개별 공간 요소 및 운영 콘텐츠에 대한 태도를 청취해 이들을 2개의 축으로 분류했습니다.

공공 vs. 개인 공간, 그리고 업무 vs. 휴식 공간

크게 나눈 축은 2개였습니다. 일단 공공을 위한 업무, 회의실, 공동 취미 공간 등과 개인을 위한 업무, 휴게 공간으로 분류가 가능했죠. 회사의 입장에서 봤을 때는, 회사 공간은 그냥 공공의 업무를 위한 공간 위주 아닌가 하고 생각할 수도 있지만, 위워크 등 공유 오피스의 등장으로 새로운 공간과 커뮤니티 활동에 대한 욕구가 분출하고 있는 상황이라 생각보다 다양한 이야기들이 나왔습니다. 게다가, 벤처기업에 투자자들이 몰리면서 여윳돈으로 만화방이나 수면실 등 기존에 없던 공간을 직원 복지 차원에서 내주는 곳들이 많아 참조할 사례는 풍부했습니다.

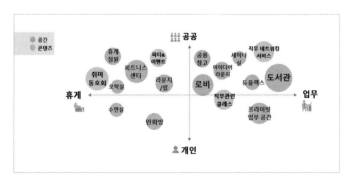

오피스가 제공할 수 있는 공간/콘텐츠

개별 공간과 공유 커뮤니티 콘텐츠에 대한 깊이 있는 니즈를 파악하자, 실제 사람들의 기대는 우리의 예상과 다소 차이가 났습니다. 일단 이들은 회사에 출근한 후 그리 다양한 활동을 기대하지 않았습니다. 특히 만화방 같은 취미 공간은 전혀 사용할 의사가 없었죠. 이유는 간단했습니다. "출근해서는 일에만 집중하고 싶다!" 퇴근을 늦추는 활동에 시간을 내기보다는 일의 효율을 극대화할 수 있는 공간과 프로그램을 통해 업무 시간 자체를 줄이고 싶다는 강력한 의지였습니다. 회사 내 피트니스 공간에서 윗사람을 만나는 것도 극도로 싫다고 했습니다.

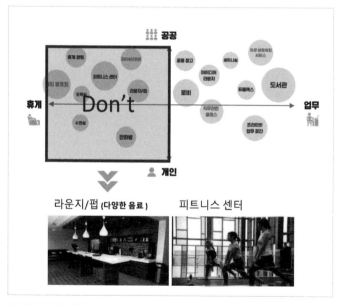

필요 없는 공간/콘텐츠

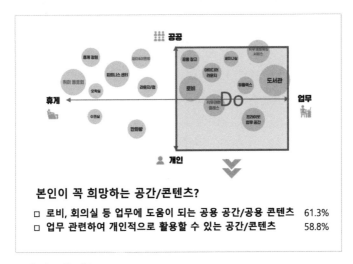

꼭 필요한 공간/콘텐츠

결론적으로 말하면, 업무 관련 공간 및 프로그램만 추천하고, 그 이외의 것들은 대부분 제외했습니다. 오히려 업무와 휴식을 함께 할 수 있는 '회의실과 연결된 라운지'나 '개인 몰입 공간' 등을 새롭게 추천했지요.

전략은 가능한 대안을 펼친 후
하나로 몰아가는 과정

지금까지 매트릭스를 활용한 전략 사례 세 가지를 소개했습니다. 공통점을 정리해보면, 가능한 모든 대안을 펼친 후 이를 정리하고(축 설정), 고객의 욕구나 경쟁사의 위치를 고려해 가능한 대안으로 좁힌 후(위치 설정), 우리의 비전이나 방향에 맞게 피와 살을 붙이는(정교화) 과정으로 요약할 수 있습니다.

더욱더 풍부해지는 레퍼런스

서두에 정통 족보 같은 책을 소개했는데, 최근에는 다양한 분야의 레퍼런스가 정말 많아진 것 같습니다. 특히 배달의민족이나 마켓컬리처럼 국내의 좋은 사례를 내부에서 정리한 책이 두드러집니다. 언제까지 외국의 사례만 찾아볼 수는 없으니까요. 좋은 사례를 참조해 주변과 공유하려는 노력이 더 많아졌으면 합니다.

우리나라 현장 마케터들의 진정성 있는 책도 많이 나왔습니다. 저도 일하면서 이것저것 고민스러울 때 많은 도움이 되었습니다.

그런가 하면 다양한 분야의 트렌드 책도 있습니다. 《트렌드 코리아》 같은 범용적인 트렌드 책도 있지만 구체적으로 실제 조사 결과에 근거한 《트렌드 모니터》나 《디지털 미디어 인사이트》

같은 특화된 트렌드 책도 잘 나오고 있지요. 의지만 있다면 좋은 레퍼런스, 좋은 책은 얼마든지 구해 읽을 수 있습니다.

프레임이 다양한 마케터를 지향하며

지금까지 제 경험과 주변 사례를 보면서 제가 내린 결론은, 마케터는 상황별로 다양하게 적용할 수 있는 프레임이 많으면 많을수록 좋다는 것입니다. 왜냐하면 현장에서의 문제가 무엇일지 모르고 문제가 그때그때 달라지기 때문입니다. 앞에서도 언급했듯 혹시 어떤 마케터가 이때는 이렇게 얘기하고 저때는 저렇게 얘기하는 이유는 사기꾼이라서가 아니라, 더 좋은 결과를 위해 "뭔가 더 새로운 게 없을까?" "다른 프레임이 없을까?" 고민하기 때문이라고 이해해 주시면 좋겠습니다.

오래된 미래,
체험

07

기술과 사람들의 변화에 따라 마케팅의 소비자 접점은 계속 늘어날 수밖에 없고, 최근에는 그 끝에 브랜드 익스피리언스, 곧 체험이 있다.
손에 잡히지 않고, 논리가 없어 보이는 체험 마케팅 뒤에도 노림수는 숨어 있고, 기획자의 역할은 있는 법이다.
기본 실력은 가지되 시장과 소비자의 요구에 대응하는 순발력은 꾸준히 갈고닦아야 한다.

마케팅의 핵심 영역으로 부상한 체험

제가 마케팅업계에 종사한 이후 가장 큰 변화를 겪은 분야를 꼽으라면, 체험 마케팅인 것 같습니다. 1993년 광고 대행사에 입사했을 때, 이 부서를 뭐라고 불렀는지 아세요? '점두 이벤트 팀.' 저도 무슨 말인지 참 생소했는데, 점두(店頭)는 한자로 '점포의 머리', 즉 점포의 앞이라는 뜻이에요. 판매가 일어나는 매장 안으로 유인하기 위해, 매장 앞에서 하는 퍼포먼스 또는 쇼 정도의 개념이었던 거죠. 4대 매체(TV, 신문, 잡지, 라디오) 광고가 마케팅의 메인으로 사무실에 앉아서 하고, 체험 파트는 다소 하위 개념으로 현장에서 일하는 영역이라는 구분이 은연중에 깔려 있었죠. 그럼에도 불구하고 취미와 적성이 맞고, 이 분야에서 비전을 발견한 친구들은 꾸준히 역량을 갈고닦아 지금은 나름 넘볼 수 없는 영역을 구축하고, 안정적인 사업을 구가하는 경우도 많습니다.

이제는 오히려 4대 매체나 디지털 광고 영역이 AI를 활용한 대량생산으로 진입장벽은 낮아지고 수익성은 점점 악화할 것이라는 전망이 지배적이죠. 반면, 체험 활동은 기계가 대체 불가능한 인간만의 영역이고, 따라서 현장 경험과 전문성으로 인해 더 높은 진입장벽이 생길 뿐 아니라 그로 인해 수익성까지 잘 방어할 것이라는 이야기가 나옵니다. 새옹지마라는 속담이 잘 적용되는 사례가 아닐까 합니다.

고객 입장에서도 브랜드가 말만 하는 게 아니라 직접 체험 요소를 제공하는 게 훨씬 재미있고 와닿을 수 있지요. 성수동의 각종 브랜드 숍과 팝업 스토어에 주말이면 2030 젊은이가 줄을 서고 있잖아요? 잘나가는 백화점에서도 특색 있는 팝업 스토어가 없으면 젊은 친구들이 오지 않을 지경이니, 이래저래 핫한 브랜드가 되려면 체험 요소를 고민하지 않을 수 없는 상황이지요.

브랜드 관점에서의 체험

앞에서 언급한 '점두 이벤트' 시절과 최근의 '체험 마케팅'을 브랜드 관점에서 비교하면 확연하게 차이가 납니다. 이벤트는 눈요기나 판매를 위한 보조 활동이고, 브랜드에 영향을 주는 요소는 아

고전 마케팅

"제대로 알아야 감정도 생기고 결국 행동도 일어난다."

Think $\longrightarrow$ Feel $\longrightarrow$ Act

$\downarrow$

감성 마케팅

"일단 한눈에 빠진 다음에, 생각해 보니 괜찮아서 결국 행동도 일어난다."

Feel $\longrightarrow$ Think $\longrightarrow$ Act

$\downarrow$

체험 마케팅

"일단 하란 대로 해보고 나니 나쁘지 않아서, 결국 괜찮다고 생각한다."

Act $\longrightarrow$ Feel $\longrightarrow$ Think

니라고 생각했었습니다. 그러나 근래의 체험 마케팅에서는 제대로 된 콘텐츠 경험을 통해 브랜드에 대한 태도를 바꾸고 브랜드 인게이지먼트(Engagement)를 만들어내는 것으로 접근하죠. 결국은 이 브랜드를 좋아하게 만드는 채널로 평가하는 겁니다. 사실

15초짜리 광고 하나 봤다고 브랜드를 좋아하기는 어렵죠. 하지만 현장에서 15분 넘게 제대로 된 브랜드 체험을 했다면, 그 브랜드에 호감을 품을 가능성은 훨씬 높아지겠죠.

이론적으로 설명해보면, 이렇게도 말할 수 있습니다.

고전 마케팅에서 일반적인 믿음으로 얘기했던 것이 "제대로 알아야(Think) 감정도 생기고(Feel) 결국 행동이 일어난다(Act)"라는 구조였습니다. 소비자를 꽤나 이성적인 인간으로 이해한 것이죠.

하지만 사람이니까 그 반대의 과정도 가능하다는 거죠. 예를 들면, "한눈에 빠진 다음에(Feel), 생각해보니 괜찮아서(Think) 결국 행동이 일어난다(Act)"도 얼마든지 가능합니다. 이것이 '감성 마케팅'입니다.

심지어는 이런 것도 가능하지 않을까요? "일단 하라는 대로 하고 보니(Act) 나쁘지 않네(Feel). 그래서 결국 괜찮다고 생각한다(Think)." 즉, 체험이 태도를 통째로 바꿀 수 있다는 이야기입니다. 그리고 바로 이런 관점이 '체험 마케팅'의 핵심 포인트가 아닐까 싶습니다.

본격적으로 체험 마케팅에 관한 논의가 나온 것은 2010년경이었습니다. 마침 그때 칸 광고제에서 그랑프리를 받은 유명한 체험 캠페인이 있었는데, 이름하여 '재미 이론(Fun Theory)'이라는 타이틀로 진행되었습니다. 내용을 살펴보면 에스컬레이터와 계단이 있는데, 에너지 절약을 위해 에스컬레이터보다 계단을 더 많이 이용하라는 캠페인이었죠. 이것을 만약 주입식 내용으로 TV 광고를 만든다면 얼마나 뻔하겠어요. 그래서 낸 아이디어가 계단을 걷는 게 더 재미있으면, 하지 말라 그래도 계단으로 걷지 않겠느냐는 것이지요. 캠페인 영상을 보면 사람들이 계단을 걸어 올라갈 때 피아노 건반처럼 소리가 나게 만들었어요. 그러자 걸으면 계단에서 뿅뿅뿅 소리가 나서 신나게 걸어 올라가는 사람이 많아졌습니다.

　체험 마케팅의 경우 초반에는 이렇게 공공 캠페인에 활용한 사례가 많았습니다. 왜냐하면 공공 캠페인이 주로 금연이나 전기 절약, 기부와 같은 내용인데, 사실 그런 게 좋은 줄 몰라서 안 하는 사람은 없잖아요? 결국 문제는 실천을 안 하는 건데, 이게 아무리 논리적으로 설득하려고 해도 어려우니, 행동을 먼저 하게 함으로써 인식을 바꿔보자는 노림수가 숨어 있는 캠페인이라고 할 수 있지요.

　그 이후에도 공공 분야에서 눈에 띄는 체험 캠페인이 많이

We believe that the easiest way to change people's behavior for the better is by making it fun to do. We call it The fun theory 출처: thefuntheory.com

사회적 카드긋기 영상 캠페인 중 한 장면

나왔는데, 한 가지만 더 살펴보겠습니다. '사회적 카드 긋기(Social Swipe)'라는 캠페인인데, 아웃도어 광고판에 신용

카드 결제 시스템을 연동해서 광고 내용을 보고 마음이 동하면 그 자리에서 바로 소액 기부를 할 수 있는 아이디어입니다. 원래 기부하려고 하면 절차가 좀 복잡하잖아요. 너무 소액이면 좀 창피하기도 하고. 그런데 이 경우는 내용을 보고 공감하면 그 자리에서 바로 신용카드를 긁을 수 있죠. 마음이 있는 사람은 바로 행동할 수 있도록 그 과정을 편하게 만들었다는 점에서 아이디어가 번뜩이는 캠페인이라고 생각합니다.

업계에서 유명한 체험 마케팅 사례 –브랜드 리바이털

그다음으로 체험 마케팅이 많이 활용되는 곳은 소위 '고인물' 브랜드라고 해서, 신제품이 별로 나오지 않는 카테고리 내에서 오래된 브랜드입니다.

예를 들어, 코카콜라는 신제품이 그렇게 자주 나오는 브랜드는 아니죠. 따라서 자칫 브랜드 이미지가 올드해질 가능성이 높은데, 그럼에도 불구하고 젊고 어린 타깃에게는 브랜드 이미지가 프레시하고 액티브해야 하잖아요. 그럴 경우, 이벤트 체험 요소가 아주 효과적일 수 있습니다. 코카콜라는 매년 전 세계 여러 지역에서 체험 이벤트를 활발하게 진행하는 것으로 유명합니다. 예를 들면, 2018년에는 '스타와 함께 AR 축구'라는 테마로 체험을 제공해 온라인에서 입소문이 많이 났죠.

출처: 코카콜라 캠페인 영상

맥심 모카 체험관 사례
2015년 제주 모카다방
2016년 서울 모카책방
2017년 부산 모카사진관
2018년 전주 모카우체국
2019년 서울 모카라디오

한국에서는, 제가 팔이 안으로 굽어서 그런지 모르겠지만, 가
장 성공적인 사례가 아마 제일기획에서 진행했던 '맥심 모카 체

험관'이 아닌가 싶어요. 알다시피 '맥심'이라고 하면 봉지 커피, 올드한 느낌이 다소 있는데, 어떻게 하면 젊은 사람들의 감성에 맞는 활동을 할지가 늘 브랜드의 숙제였지요. 그래서 모카다방, 책방, 사진관, 우체국, 라디오 등 당시 젊은 층에게 선풍적 인기를 끌던 레트로 감성을 담뿍 담은 공간을 전국적으로 만들면서 큰 화제와 관심을 불러일으켰죠. 10대, 20대 젊은 층이 꽤나 많이 방문했거든요. 평소라면 맥심 커피에 별다른 관심이 없을 수 있고, 자신을 위한 브랜드가 아니라고 여겼던 사람조차도 체험을 해보고 난 다음에는 다르게 생각하는 계기가 되었던 사례였습니다.

업계에서 유명한 체험 마케팅 사례
-패션 화장품 카테고리

또 하나, 체험 요소를 효과적으로 활용하는 대표적 사례를 들자면 패션 화장품, 특히 명품 패션 브랜드의 경우 경쟁사와 제품상 물성적 차별화가 그렇게 크진 않으면서 감성적이고 상징적인 이미지나 라이프 스타일이 중요한 영역이라 브랜드 체험 요소에 관심을 기울이는 브랜드가 많지요.

가장 열심인 브랜드가 루이 비통이죠. 2~3년 전 메타버스가 한창 핫할 때, 매우 선도적으로 많은 투자를 했고 2023년 봄에는 세계적으로 핫한 대한민국 잠수교에서 몽환적인 패션쇼를 진행해 세계의 이목을 집중시켰어요. 그런 노력의 결과, 역사는 오래

되었지만 전혀 올드하지 않고 여전히 젊은 층에게도 선망성을 불러일으키는 명품 브랜드로 건재하고 있지요. 글로벌에서 가장 앞서가는 체험 마케팅이 궁금하다면 루이 비통을 비롯한 럭셔리 브랜드 사례를 참고하세요. 많은 도움이 될 겁니다.

우리나라의 패션 화장품 브랜드도 당연히 체험 마케팅 분야에 많은 신경을 쓰고 있죠. 앞서 언급한 것처럼 성수동이나 힙한 거리에서 신선한 브랜드 체험을 고객분께 드리기 위해 무진장 애를 쓰고 있죠. 여의도 '더현대 서울'처럼 트렌디한 복합 공간에서 팝업 스토어 구성에 공을 들이기도 하고요.

체험 마케팅의 영혼의 단짝, 디지털 기술

그런데 이렇게 체험 마케팅 영역이 지금처럼 대폭 성장한 데에는 디지털 기술이 기폭제 역할을 했어요. 두 가지 차원에서 그렇습니다. 첫 번째는 현장에서 AR/VR 등의 기술 활용이 가능해지면서 지나가는 사람의 눈길을 끄는 체험 구성이 용이했다는 점입니다. 아이디어만 좋다면 얼마든지 구현할 수 있으니까요.

두 번째는 SNS가 발달해 현장에서 직접 체험한 소수뿐만 아니라, 훨씬 더 많은 사람이 온라인으로 간접 체험이 가능하다는 점이죠. 매스미디어를 활용하는 캠페인은 미디어 자체에 엄청난 돈을 써야 일반 사람이 볼 수 있는데, 체험 캠페인은 제대로 구상하면 화제성으로 인해 매스미디어를 활용한 것 같은 효과를 낼 수 있으니 효율성 면에서 괜찮은 채널이라고 할 수 있습니다.

체험 기획에서 마케터의 역할

그럼 이제부터 브랜드 체험 마케팅 프로젝트를 할 때 마케터나 기획자는 무슨 역할을 해야 하는지 논의해보기로 하겠습니다. 체험 프로젝트를 할 때는 기획자와 아이디어를 내는 사람 간의 역할 구분이 모호해 사실 좀 혼란스럽거든요. 저도 처음엔 그랬습니다.

이렇게 생각하면 좋을 것 같습니다. 성공적인 체험 마케팅에는 두 가지 중요한 요소가 있는데, 하나는 돌출성, 즉 업계 용어로 샐리언스(Salience)입니다. 전에 보지 못하던, 그래서 호기심 때문에라도 볼 수밖에 없는 신기한 요소가 가장 필수적입니다. 그런데 튀기만 하면 되느냐 하면 그건 아니죠.

두 번째는 연관성, 즉 업계 용어로 렐러번스(Relevance)입니다. 브랜드와 잘 맞아야 하고, 또 찾아오는 타깃들의 취향과 기호에도 잘 맞아야 하죠. 사실 이 부분은 굉장히 중요합니다. 체험한 후 신기해서 "아~" 하고 난 다음에 그냥 휙 지나가버리면, 브랜드 입장에서는 남는 게 없잖아요. 그래서 체험하고 나니 그 브랜드가 좋아지는 포인트를 만드는 것이 꽤나 중요하고, 그 영역이 체험 마케팅 기획자의 역할이 아닌가 싶습니다.

정확한 니즈 파악에서 출발

체험을 목표로 만든 브랜드 숍뿐만 아니라, 일반적인 리테일 숍 역시 최근에는 체험 위주로 공간 구성이 바뀌고 있습니다. 주요 기능과 가격대 위주로 온라인에서 검색하고 바로 구매까지 해버리는 소비자를 최대한 매장으로 유도하기 위한 포석이지요. 그렇다 보니 실제 매장에 다양한 체험 콘텐츠가 그때그때 필요에 따라 우후죽순처럼 들어서 브랜드 리뉴얼에 맞춰 매장 내 체험 요소도 체계적으로 정리할 필요성이 제기되었습니다.

처음엔 좀 어색했죠. 클라이언트는 사실 리테일업계 전문가잖아요. 반면 일을 맡은 우리는 리테일 방면의 경험이 많은 건 아니니 '과연 잘 해낼 수 있을까?'라는 불안감 속에서 일을 시작했습니다. 단 하나, 그래도 마음에 새긴 것은 리테일 업력이나 기존에 해온 업계의 감(感) 같은 게 아니라, 최근 빠르게 변화하는 소비자의 정확한 니즈를 우리 식대로 잘 감지해서 소신껏 최선을 다해 작업해보자고 다짐했습니다.

다양한 구매 결정 과정상에 있는 방문자

최종적으로 우리가 확인한 것은 사실상 오프라인 체험 설계도 온라인 체험 설계와 매우 흡사한 면이 많다는 점이었습니다. 브랜드 홈페이지에도 최초 관심 단계, 중기 제품 탐색 단계, 후기 구매 단계 소비자가 다양하게 방문하는 것처럼, 오프라인 매장 역시 최초 관심 단계, 중기 탐색 단계, 후기 구매 단계 소비자(이 경우에는 쇼퍼라고 해야겠죠)가 각자 다소 다른 목적을 갖고 찾아온다는 것을 알게 됐죠. 이들의 구매 결정 과정 단계에 따라 당연히 관심을 갖는 체험 요소가 달라지죠. 그래서 공간 요소별 체험 디자인 자체도 각 단계 쇼퍼들의 욕구에 맞게 재설계해야 했습니다.

우선 다양한 니즈를 제대로 파악하기 위해, 실제 매장을 방문하고 나오는 이들을 대상으로 설문 조사를 진행했습니다. 초기, 중기, 후기 단계 쇼퍼의 비중을 골고루 배분하고, 설문지에 의한 정량적 조사와 더불어 궁금한 부분은 인터뷰로 더 깊이 있게 체크할 수 있도록 디자인했습니다.

초기, 중기, 후기 단계는 쉽게 설명하면 이렇습니다. 어떤 신제품 냉장고나 TV가 나왔는지 구경하고 싶어서 가벼운 마음으로 특별한 구매 계획 없이 왔다면 '초기 관심자'입니다. 그다음으로는 냉장고를 사야겠는데 어떤 브랜드가 좋을지 온라인 검색을 해보고 매장도 여기저기 직접 다녀보는 이들은 '중기 탐색자'입니다. 그리고 이렇게 다 탐색한 후 대략 어느 브랜드의 어느 가격대 제품을 구매할지 결정하고, 믿을 수 있는 매장에서 조금 더 좋은 조건으로 싸게 살 수 있는 방법을 찾는 이들을 '후기 구매 단계'로 분류할 수 있습니다.

초기, 중기, 후기 쇼퍼의 행동 특징

조사 결과, 각 단계에 따라 확연히 다른 행동 양태를 보였습니다. 일단 매장 내에서 보내는 시간이 많이 다른데, 후기 탐색자-초기

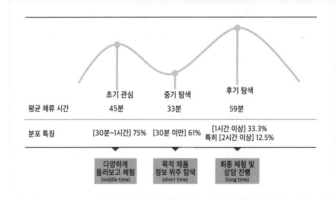

유형별 체류 시간과 특징

	초기 관심	중기 탐색	후기 탐색
평균 체류 시간	45분	33분	59분
분포 특징	[30분~1시간] 75%	[30분 미만] 61%	[1시간 이상] 33.3% 특히 [2시간 이상] 12.5%
	다양하게 둘러보고 체험 (middle time)	목적 제품 정보 위주 탐색 (short time)	최종 체험 및 상담 진행 (long time)

관심자-중기 탐색자 순으로 나타났습니다. 초기 관심층은 다양하게 둘러보고 체험하다 보니 오히려 좀 여유 있게 즐기는 편이었고, 중기 탐색층은 냉장고 등 본인 관심 제품 위주로만 보고 나가니 오히려 제일 시간이 짧았습니다. 반면, 후기 탐색층은 판매원하고 얘기를 나누면서 조건과 제품 기능 등을 따져보느라 매장에서 가장 긴 시간을 체류하는 경향을 보였습니다.

시간뿐만 아니라 관심을 갖고 머무르는 공간 자체도 많이 다른 것으로 드러났습니다. 초기 관심자의 경우는 아무래도 제품 자체보다 입구의 흥미 있는 체험 요소나 실제 집 안처럼 만든 별도 체험 공간에 머무르는 비중이 높게 나타났고, 중기 탐색자의 경우는 주요 제품의 핵심 기능 체험 공간에 머무르는 비중이 압도적으로 높게 나타났습니다. 후기 탐색자의 경우는 상담 공간과 키즈 존 위주로 시간을 보냈고요.

그에 따라 효과적인 구매 의향 유발 포인트도 확연한 차이를 보였습니다. 초기 관심자는 눈에 보이는 디자인이나 제품의 새로운 기능 위주, 중기 탐색자는 제품의 상세 기능을 잘 보여주는 체험 공간과 판매원의 설명, 후기 탐색자의 경우는 기능과 구매 조건에 관심이 많았습니다.

다음으로는, 모든 체험 요소에 복수의 대안을 가지고 호불호를 질문하고, 개선 사항에 대한 의견도 폭넓게 들었습니다.

최종 제안과 피드백

쇼퍼별로 특징이 있고 효과적인 매체가 다르므로 우리는 최종적으로 타깃 눈높이에 맞춰 콘텐츠 제작을 해야 한다는 점과 불필요한 요소를 과감히 제거하고 감성적 애착을 낳기 위한 체험 강화 방안을 제시했습니다. 감성적 애착을 만들어내는 체험 요소는 라이프 스타일 현수막과 전시물 주변의 감성적 콘텐츠 그리고 스

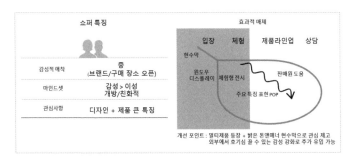

쇼퍼 특징 중 특히 흥미로웠던 초기 관심자 분석 결과

크린, 인터랙티브 사이니지 등이 있습니다.

최종 보고를 마치고 피드백을 받는 과정에서, 클라이언트사는 우리 제안 중 일부는 자신들도 아는 것이지만 어쨌든 확인을 해줘서 더 자신감을 가질 수 있겠다는 얘기와 함께 그동안 전혀 생각 못 했던 새로운 시각도 발견했다며 만족해했습니다. 덕분에 저희도 뿌듯하게 기획 단계를 마무리 짓고 실행 아이디어 단계로 잘 넘어갈 수 있었습니다.

사례 2　2021년 해외 한국문화원 뉴미디어 아트 체험 기획

상반된 두 국가 내 한국문화원 홍보

마지막은 조금 특이한 사례입니다. 제목은 '신한류 확산과 한국문화 홍보를 위한 해외 거점 재외 한국문화원 미디어 아트 제안'. 꽤 길죠? 골자만 간략히 소개하면, 일본과 베트남의 한국문화원 앞에 있는 LED 광고판에 넣을 콘텐츠를 정하는 것이었습니다. 평면적인 광고판이지만 최신 기술을 활용해 입체적 체험 효과가 가능하다는 믿음으로 작업을 시작했습니다.

언제나 그렇듯 제 업무는 신나는 자료 검색부터였죠. 이곳을 지나가는 일본과 베트남 사람들은 최근의 한류에 대해 어떤 생각을 하고 있을까? 어떤 감정이나 기대를 가지고 있을까? 요즘은 품만 조금 들이면 곳곳에서 자료를 찾아볼 수 있습니다. 한국국제문화교류진흥원(Kofice)에서 매년 한류에 대한 글로벌 인식 조사

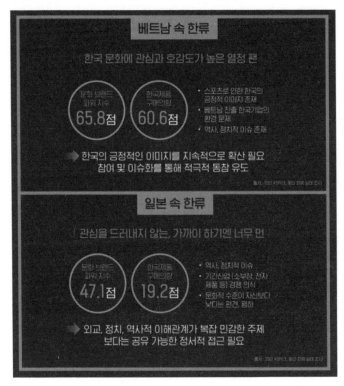

베트남 속 한류

한국 문화에 관심과 호감도가 높은 열정 팬

문화 브랜드
파워 지수
65.8점

한국제품
구매의향
60.6점

- 스포츠로 인한 한국의 긍정적 이미지 존재
- 베트남 진출 한국기업의 환경 문제
- 역사, 정치적 이슈 존재

➤ 한국의 긍정적인 이미지를 지속적으로 확산 필요
참여 및 이슈화를 통해 적극적 동참 유도

출처 : 2020 KOFICE, 현지 한류 실태 조사

일본 속 한류

관심을 드러내지 않는, 가까이 하기엔 너무 먼

문화 브랜드
파워 지수
47.1점

한국제품
구매의향
19.2점

- 역사, 정치적 이슈
- 기간산업 (소부장, 전자제품 등) 경쟁 의식
- 문화적 수준이 자신보다 낮다는 편견, 폄하

➤ 외교, 정치, 역사적 이해관계가 복잡 민감한 주제
보다는 공유 가능한 정서적 접근 필요

출처 : 2020 KOFICE, 현지 한류 실태 조사

한류에 대한 태도가 매우 대조적인 일본과 베트남

를 진행하고 있다는 사실을 발견하고, 일본과 베트남의 최신 자료를 확보했습니다.

그 결과, 우연히 묶였지만 일본과 베트남은 참 대조적인 국가라는 걸 알았지요. 극과 극. 일본은 한류에 대해 냉담에 가까운 차가운 반응을 보이는 반면, 베트남은 매우 큰 관심과 호감도 높은 열성 팬이 많았습니다. 그래서 체험 기획의 목표 자체를 다르게 정했죠. 일본에서는 '최소한의 공감에 기반한 친밀하고 정서적인 접근'이라는 목표를 잡고, 베트남에서는 '참여 및 이슈화를 통해 적극적 동참 유도'로 목표를 설정한 것입니다.

일본에는 '격', 베트남에는 '흥'

특히 일본 사람들의 인식 속에 한류 콘텐츠는 '수준이 낮다'는 평이 눈에 띄었습니다. 한류 드라마와 음악이 너무 대중적이고 흥미 위주라 저급하다는 인식도 있었습니다. 그렇다면 우리 한국문화원 앞에 있는 콘텐츠 운영 공간에 어떤 체험을 구성하는 것이 효과적일까?

일단, 방향을 '격'으로 잡았습니다. 어설프게 흥미를 끌기 위한 자극적 콘텐츠보다는 문화적 저력이 느껴지는 점잖은 콘텐츠가 더 적합하리라는 판단이었습니다. 실제 구성 요소로는 우아한 단청 무늬와 궁중 활옷 속 모란과 나비가 움직이는 모습을 재현했습니다.

반면, 베트남 사람들의 인식 속에는 드라마나 영화에 나오는 한국인의 라이프 스타일에 대한 동경이 있지요. 특별히 과거나 미래로 갈 필요 없이 오늘 현재 한국인의 일상생활에 호기심과 선호가 있으니 이를 활용할 여지가 보였습니다.

방향은 '흥'으로 잡았습니다. 베트남과 달리 뚜렷한 사계절의 변화를 체험 요소로 끌어들여 봄에는 날리는 꽃잎, 여름에는 경쾌하게 강변을 달리는 모습, 겨울엔 눈 내리는 운치 있는 광경을

제출한 시안 이미지

연출했죠. 아울러 동적인 리듬을 넣어 보기만 해도 같이 움직이
고 싶은 느낌이 나도록 산뜻하게 구성했습니다.

고객의 눈높이에서 고민하고 궁리하는 힘

지금까지의 사례는 그 결과물이 대단히 훌륭하거나 효과가 좋아서 소개한 것이 아닙니다. 단지 무엇보다 먼저 적절한 분석이 이루어졌고, 그 방향대로 제작물을 일관되게 만들어서 마음이 편했던 사례입니다. 또한 마지막에는 복잡하고 정교한 현장 체험이라고 하더라도, 그것마저 책상에 앉아 고민하는 기획자의 의도가 숨어 있다는 걸 말씀드리고 싶었습니다.

마케터가 기획할 일과 무대는 매우 다양합니다. 광고에서 시작하건 콘텐츠에서 시작하건 고객의 눈높이에서 고민하고 궁리하는 힘과 소통 의지만 있다면, 디지털이건 체험에서건 우리의 영역은 계속 확장될 수 있습니다.

기술과 사람이 변화함에 따라 마케팅의 대 소비자 접점은 계속 늘어날 수밖에 없으니, 결국 마케터의 활동 무대도 넓어지지 않을까요? 관건은 그걸 잘 해내서 자신이 필요한 자리를 지속적으로 만들어내는 역량이지요. 마케터로서 소양과 근간은 유지하되 새로운 판의 핵심 요소가 무엇인지 파악하고, 그에 맞는 역할을 제대로 수행하는 순발력 또한 마케터의 중요한 역량이 아닐 수 없습니다.

아울러 체험 기획을 할 때 튀는 아이디어에 사로잡혀 잘못된 프로세스를 생각한다면 재고해보라고, 제대로 된 기획 절차를 밟아보라고 말씀드리고 싶습니다.

Experience

처음 출판사에서 '마케팅 인사이트'에 관한 책을 내 보자고 했을 때, 사실 좀 부담스러웠습니다. 오랫동안 기획 업무를 하기는 했지만 내가 과연 이 대단한 분야의 책을 쓸만한 내공을 갖춘 사람인지? 나와 같이 일을 했던 누군가가 비웃지는 않을지? 하는 온갖 소심한 고민들이 몰려왔으니까요.

하지만 그럼에도 불구하고 용기를 냈던 것은, 나와 비슷한 배경을 가지고 비슷한 고민을 하는 사람들이 모여 있는 마케팅 대행사를 벗어나, 다양한 배경과 직종의 사람들이 모여 있는 스타트업이라는 치열한 실무 현장에서 경험했던 시간 때문이었습니다.

기업에는 정말 다양한 사람들이 있고, 당연하게도 마케팅이나 브랜딩이라는 영역에 대한 이해도가 높지 않은 사람들도 많다는 것을 알게 되었거든요. 그리고, 요즘 많이 나오는 "마이크로한", "실무에 도움 되는" 그런 마케팅 책들도 물론 필요하지만, 좀 더 "큰 틀에서", "관점을 논하는" 마케팅 담론 같은 책이 필요한 사람도 있지 않을까 하는 생각을 하니 조금은 마음이 편해졌습니다.

그리고, 무엇보다 오랫동안 마케터, 기획자 일을 해 온 사람으로서 이 일의 가치와 재미에 대해 말하고 싶다는 욕심도 있었던 것 같습니다. 제 주변에 있는 많은 마케터와 기획자들 중에는 후배나 지인이 이 분야에 관심을 가지면 도시락 싸 들고 다니며 뜯어말릴 것이라는 사람들도 꽤 있습니다. 하지만 제 생각은 다릅니다. 저도 긴 시간 이어온 커리어의 고비 고비에서 이 선택을 후회한 적도 있었지만, 그래도 만약 다시 한번 선택할 기회가 온다 해도 역시 이 직업을 선택하지 않을까 싶을 정도로 애착이 있거든요.

그 첫 번째 이유는 '직업적 지속가능성'입니다. 이 분야는 생물처럼 계속 진화하면서 꾸준히 자신의 존재 가치를 만들어 내고, 다양한 기술과 미디어를 만나 점점 확대되어 가고 있습니다. 이 영역과 무관한 기업은 결코 존재할 수 없습니다. 본인이 늘 사회의 변화에 민감하게 깨어 있고 노력한다면, 나를 필요로 하는 곳은 언제나 존재합니다.

두 번째 이유는 '직업적 전문성'입니다. 의사, 변호사, 회계사들만 '사짜' 직업일 이유가 있나요. 훌륭한 기획자 내지는 마케터가 갖추어야 할 소양과 기술들이 점점 늘어나고 있는데, 이러한 역량을 잘 갖추기만 한다면 결코 아무나 할 수 없는 일이 되어가지 않을까 합니다.

세 번째 이유는 역시 '직업적 재미'겠지요. 당장의 생명이나 재산상의 숫자적 손실이 오가는 치열한 이해충돌의 현장을 살짝 벗어나, 우리 타깃들이 좋아할 만한 콘텐츠나 트렌드, 현상들을 발견하고 만들어 가는 재미가 없다고 할 수는 없으니까요. 물론 우리 일도 결국엔 기업의 이해득실과 회사의 존속에 지대한 영향을 끼치는 일인지라 마냥 세상 물정 모르는 아이처럼 즐겁게 지낼 수만은 없습니다. 하지만, 그럼에도 불구하고 우리가 만들어 내는 결과물들은 사람들이 좋아할 만한 달콤한 외피를 씌운 어떤 것이 되어야 한다는 사실은 변함이 없으며, 우리가 일에 몰입하고 결과물을 상상하는 동안에는 적어도 세상 시름을 잊게 해 주는 그런 꿀단지 같은 무언가가 분명 존재하는 것 같습니다.

쓰다 보니, 맹목적인 마케터 예찬론자처럼 보일 수도 있겠다는 걱정도 듭니다만, 이왕 이 일을 선택한 많은 업계 동료와 후배들에게 '당신의 선택이 틀린 게 아니야'라는 위로와 응원의 메시지라고 이해해 주시면 좋겠습니다.

마지막으로, 이 책의 말미에 하고 싶었던 이야기를 하나 더 보탭니다. 이 책의 준비 과정에 대한 이야기입니다. '훌륭한 마케터 되기'도 힘들지만, '훌륭한 출판기획자 되기' 역시 굉장히 어렵다는 점을 이번 책 준비하는 과정에서 절감했습니다.

글자 중심의 일반적인 책이 아니라, 평소 클라이언트 소통용으로 만들던 프레젠테이션 슬라이드처럼 그림이나 아이콘을 십분 활용하여 '술술 읽히는' 책으로 만들어 보자는 출판사의 제안에 아무 생각 없이(?) 덜컥 오케이했다가 큰 곤욕을 치렀습니다. 맨 처음, 이 책의 모든 내용을 프레젠테이션 자료로 만들었습니다. 각 파트별로 100여 장이었으니 전체적으로 700여 장의 슬라이드를 준비한 셈이지요. 그리고, 출판사 분들 앞에서 구술로 프레젠테이션했습니다. 그 후 출판사에서 녹취록을 작성해서 저에게 주었습니다. 그 녹취록을 받아서 글로 다듬는 작업은? 물론 제가 했지요!

제 입장에서는 마치 철인 3종경기를 펼치는 운동선수와도 같이 '입체적'으로 기량을 펼쳐야 하는 고난의 시간이었습니다. '술술 읽히는' 책이 되기 위해 (슬라이드)그리기, 말하기, 글쓰기의 3종

노력을 한 셈이니까요.

저는 저대로 고생했지만, 그 과정을 함께 한 출판사 분들의 노고도 엄청난 것이었습니다. 깨알같은 녹취록 작성에 더해, 마지막 편집할 때는 프레젠테이션 슬라이드에 들어갔던 장표들 중 적절한 내용을 골라 글과 합치는 작업이 녹록지 않은 것이니까요. 그야말로 엄청난 농업적 근면성과 집중력을 발휘해야 하는 고된 일이었으리라 짐작이 가고도 남습니다. 그러느라 처음 말했던 출판 시기를 훌쩍 넘겨버렸고, 급기야는 작가가 출판사를 쪼는, 흔치 않은 사태까지 벌어졌으니까요.

그래도, 그럼에도 불구하고 말입니다. 이러한 과정이 있었기에 조금은 더 입체적이고 더 쉽게 이해되는 글과 구성이 되지 않았을까 하는 기대를 해봅니다. 글을 미리 읽어 보신 분들이 '마치 평소에 네가 말하는 것을 보는 것 같다'라는 말씀을 해 주셔서 신기하기도 했습니다.

이제 그 긴 시간 준비했던 과정의 끝이 보입니다. 가장 먼저, 너무 큰 고생 함께 해준 편집 실장님과 이은북 대표님께 깊은 감사의 인사를 드립니다. 항상 출판기획자로서 새로운 시도를 주저

하지 않으시는 그 용기와 열정, 마음으로 존경하고 있다는 낯간지러운 말씀, 지면을 통해 전달드립니다. 그리고, 엄마가 두 번째 책을 낸다고 너무 천진난만하게 자랑스러워하는 통에 더 큰 부담감을 가지고 일하게 만든 두 아이와 남편에게도 감사 인사드립니다. 한곳에 머무르지 않고, 계속 성장하는 사람이 되도록 하겠습니다.

2024년 봄. 설명남

납작한 생각 버리기
입체적 마케팅을 위한 7가지 관점

초판 1쇄 발행　2024년 4월 30일

지은이	설명남
펴낸이	황윤정
펴낸곳	이은북
출판등록	2015년 12월 14일 제2015-000363호
주소	서울 마포구 동교로12안길 16, 삼성빌딩B 4층
전화	02-338-1201
팩스	02-338-1401
이메일	book@eeuncontents.com
홈페이지	www.eeuncontents.com
인스타그램	@eeunbook

책임편집	하준현
디자인	이미경
제작영업	황세정
마케팅	이은콘텐츠
인쇄	스크린그래픽

ⓒ 설명남, 2024
ISBN 979-11-91053-38-8 (13320)

"마케팅, 인사이트의 판을 키워라"

지금 바로 이 책의 베이스가 된 강의 영상을
무료로 시청하세요.

본 강의에서 저자는 올라운드 마케터의 바탕이 될 7가지 핵심 개념
설명뿐 아니라 다양한 기업의 사례를 소개하며, 각 인사이트가 실제
로 어떻게 적용되는지 알려줍니다.
30년 경력의 마케팅 전문가인 저자의 지식과 경험이 집약된 강의를
통해 좀 더 생생한 마케팅 현장의 이야기를 들어보세요.
마케팅의 새로운 지평을 열고 싶은 분, 더 나은 마케팅 전략을 고민
하고 계신 분, 그리고 입체적 마케팅 전문가가 되고자 하는 분은 이
강의를 놓치지 마세요!

수강 방법

아래의 링크 주소로 접속 또는
QR 코드 스캔 후 DMI 홈페이지 이용

https://dmicon.com/academy

＊홈페이지 무료 회원 가입 후 강의 영상을 이용하실 수
있습니다. (DMI 뉴스레터 수신 필수)